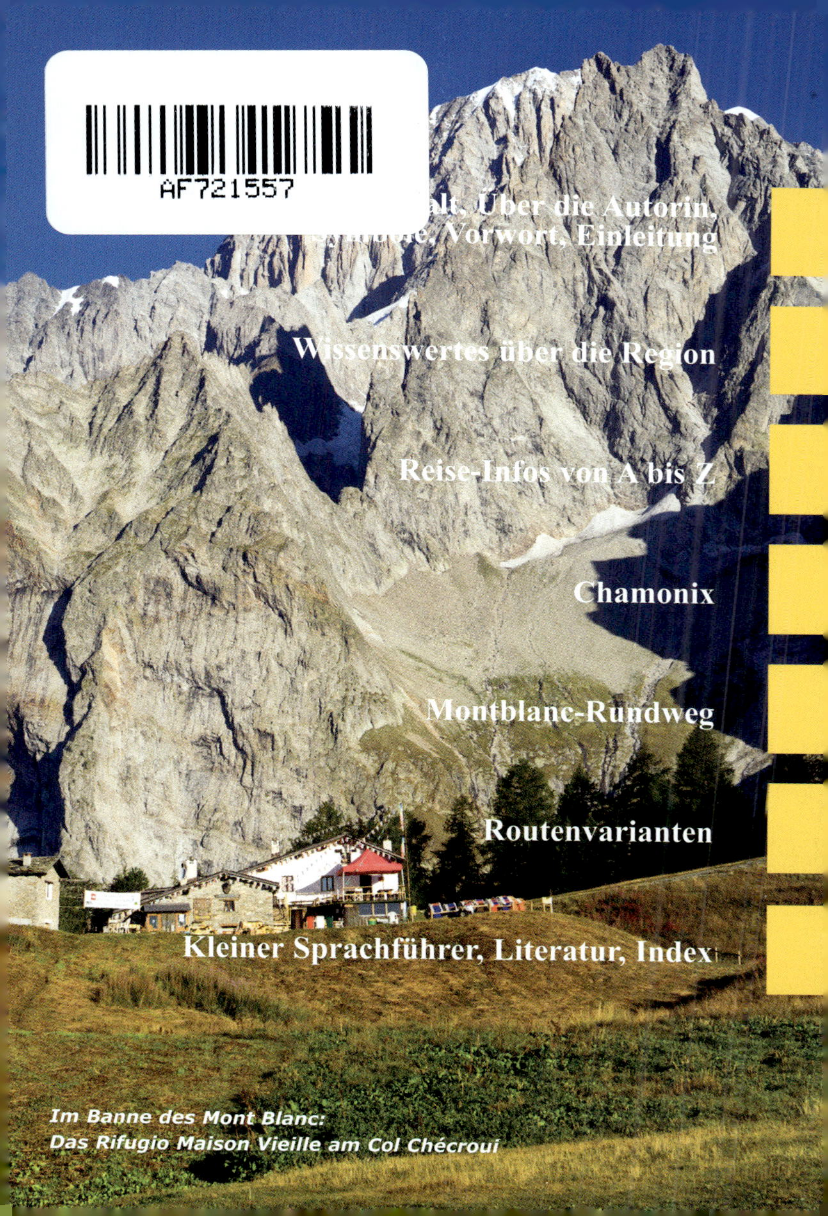

Im Banne des Mont Blanc:
Das Rifugio Maison Vieille am Col Chécroui

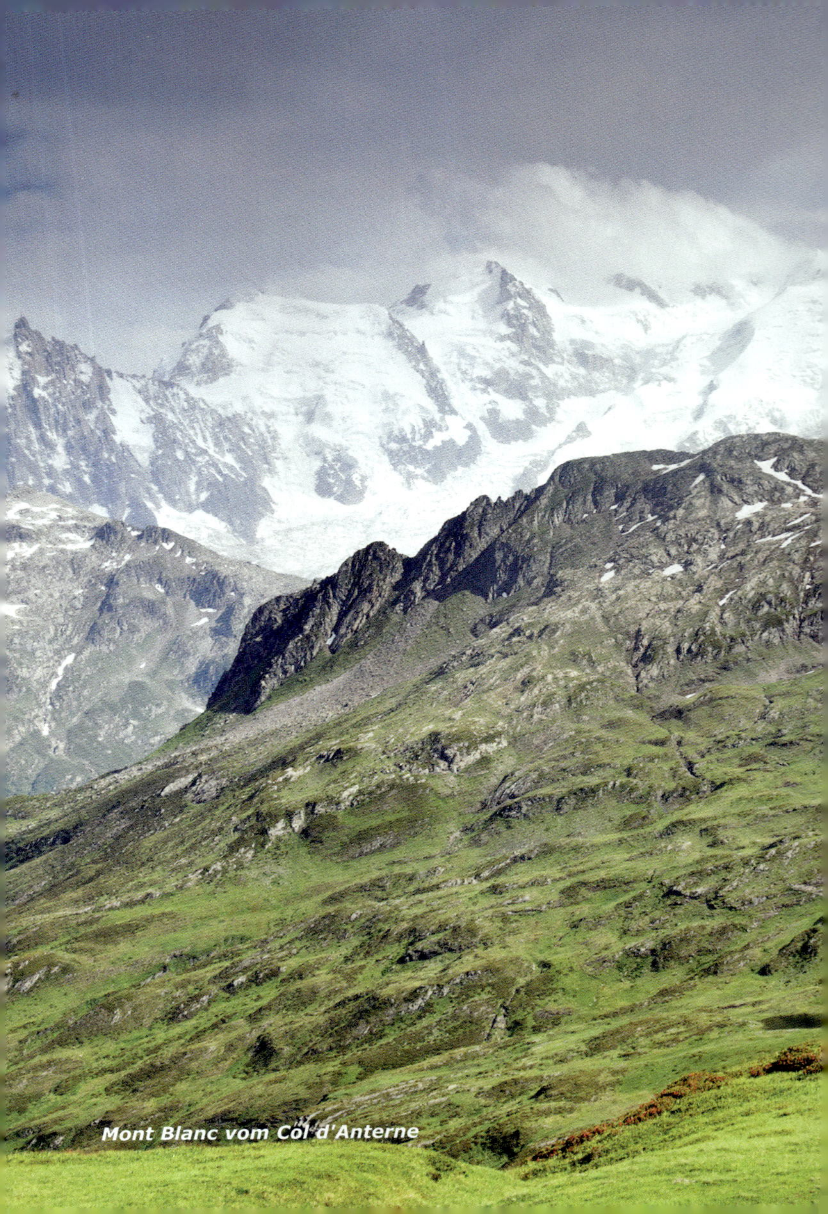

Mont Blanc vom Col d'Anterne

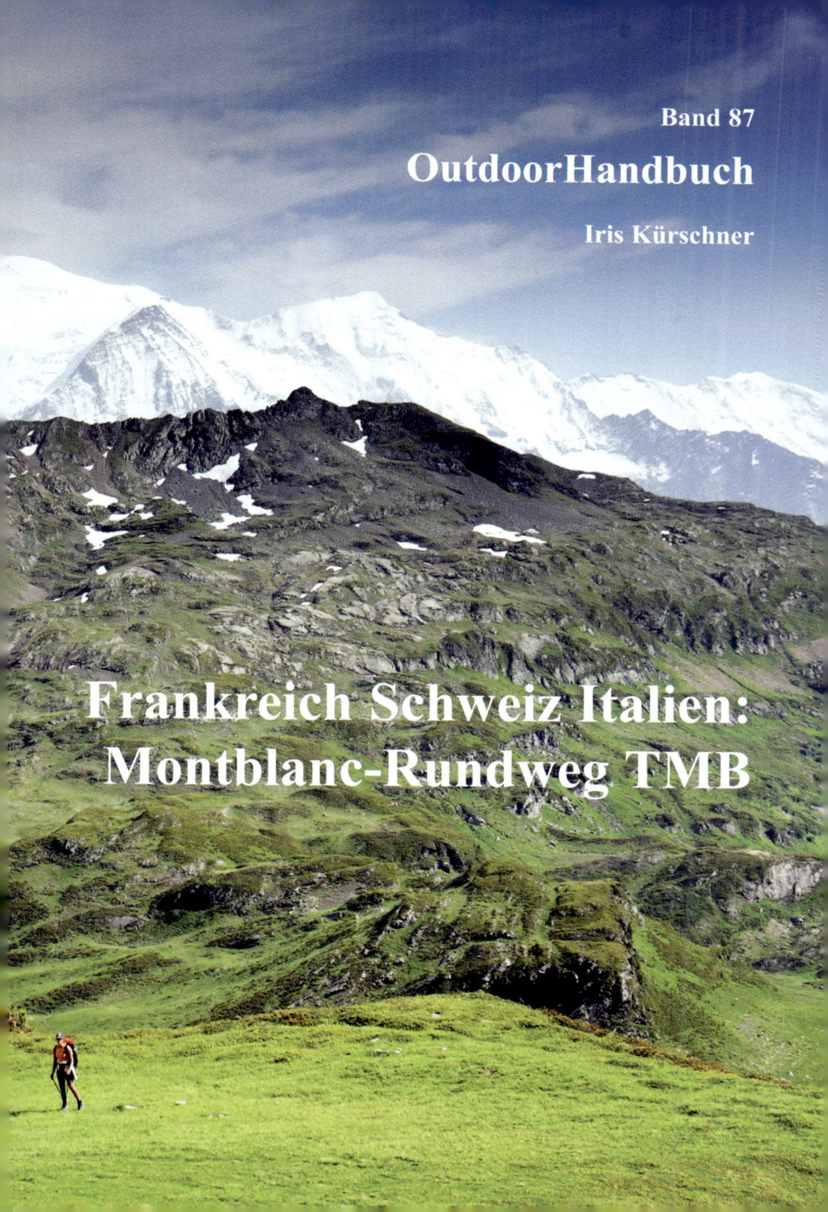

Band 87

OutdoorHandbuch

Iris Kürschner

Frankreich Schweiz Italien: Montblanc-Rundweg TMB

Frankreich Schweiz Italien:

die OUTDOOR Verlage

Mit uns nach draußen

Alle Informationen, schriftlich und zeichnerisch, wurden nach bestem Wissen zusammengestellt und überprüft. Sie waren korrekt zum Zeitpunkt der Recherche. Eine Garantie für den Inhalt, z.B. die immerwährende Richtigkeit von Preisen, Adressen, Telefon- und Faxnummern sowie Internetadressen, Zeit- und sonstigen Angaben, kann naturgemäß von Verlag und Autorin - auch im Sinne der Produkthaftung - nicht übernommen werden.

Die Autorin und der Verlag sind für Lesertipps und Verbesserungen (besonders per E-Mail) unter Angabe der Auflagen- und Seitennummer dankbar.

Dieses OutdoorHandbuch hat 144 Seiten mit 32 farbigen Abbildungen, jeweils 8 farbigen Kartenskizzen und Höhenprofilen sowie 2 farbigen Übersichtskarten. Es wurde auf chlorfrei gebleichtem Papier gedruckt, in Deutschland klimaneutral hergestellt und transportiert (die Zertifikatnummer finden Sie auf unserer Internetseite) und wegen der größeren Strapazierfähigkeit mit PUR-Kleber gebunden.

Montblanc-Rundweg TMB

OutdoorHandbuch aus der Reihe „Der Weg ist das Ziel“, Band 87

ISBN 978-3-86686-087-2 3., überarbeitete Auflage 2012

Dieses OutdoorHandbuch wurde konzipiert und redaktionell erstellt vom Conrad Stein Verlag GmbH, Postfach 1233, 59512 Welver, Kiefernstraße 6, 59514 Welver, ☏ 023 84/96 39 12,
FAX 023 84/96 39 13, info@conrad-stein-verlag.de,
www.conrad-stein-verlag.de,
www.facebook.com/outdoorverlage

Unsere Bücher sind überall im wohl sortierten Buchhandel und in cleveren Outdoorshops in Deutschland, Österreich und der Schweiz erhältlich.
Auslieferung für den Buchhandel:

D	Prolit, Fernwald und alle Barsortimente
A	freytag & berndt, Wolkersdorf
CH	AVA-buch 2000, Affoltern und Schweizer Buchzentrum
I	Leimgruber A & Co. OHG/snc, Kaltern
BENELUX	Willems Adventure, LT Maasdijk
E	mapiberia f&b, Ávila

Text und Fotos: Iris Kürschner
Karten: Heide Schwinn
Lektorat: Birgit Heu
Layout: Manuela Dastig
Gesamtherstellung: AZ Druck und Datentechnik GmbH, Kempten

Titelfoto: Mont Chétif, Grandes Jorasses

Inhalt

Outdoorliteratur und Umweltschutz
- was könnte besser zusammenpassen? Wir vom Conrad Stein Verlag produzieren unsere Bücher so umweltschonend wie möglich.

Wir drucken klimaneutral!
Wir verwenden nicht nur umweltfreundliche Materialien, sondern arbeiten auch mit einer Druckerei zusammen, die sich für Klimaschutz engagiert. Dass beim Druck klimaschädliches CO_2 entsteht, lässt sich leider nicht vermeiden. Dies versuchen wir aber auszugleichen, indem wir Klimaschutzprojekte unterstützen - z.B. den Bau von Wasserkraftwerken, die besonders wenig CO_2 produzieren. So werden die Treibhausgase, die beim Druck unserer Bücher entstehen, an anderer Stelle eingespart. Auf unserer Homepage finden Sie für jedes Buch eine Climate-Partner-Zertifikatsnummer und einen Link zu der Seite www.climatepartner.com. Hier finden Sie weitere Informationen und können sehen, welche Umweltprojekte mit unseren Abgaben gefördert wurden.

Übrigens ...
... war der Conrad Stein Verlag der erste Buchverlag in Deutschland, der konsequent klimaneutral produzieren und transportieren ließ. Wir hoffen, dass uns viele andere Verlage auf diesem Weg folgen!

Über die Autorin

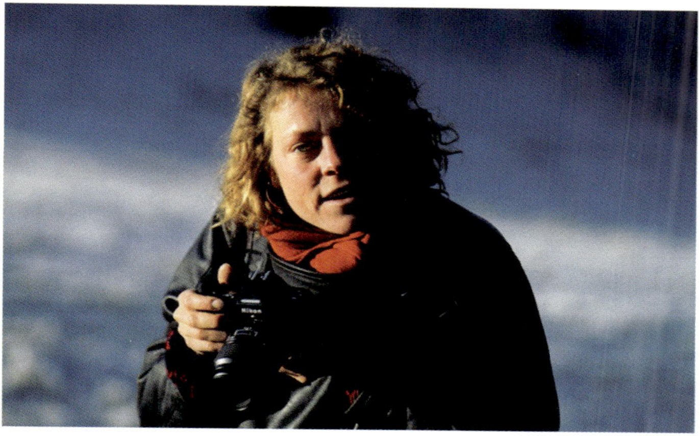

Iris Kürschner, geboren 1965 im schweizerischen Baden, ist freie Fotografin und Journalistin mit den Schwerpunkten Outdoor-, Bergwelt-, Reisefotografie. Ihr Interesse gilt im Besonderen dem Alpenraum und dem Himalaya. Seit Anfang der 90er Jahre ist sie für Zeitschriften und Verlage unterwegs.

Danke

Mein besonderer Dank gilt den beiden Bergführern Serge und Ives von Cairn, dem „bureau des guides" in Les Carroz. Mit ihren Mulis haben sie mich rund um den Montblanc begleitet, und mit ihrem unschlagbaren Optimismus jedes schlechte Wetter erträglich gemacht. Außerdem ein Dankeschön an den Genfer Veranstalter *transalp*, sowie an Holger Riedel, der mir sein GPS zur Verfügung stellte.

Symbole

Abstecher	Museum
Abstieg	Post
Aufstieg	Refugio/Rifugio
Aussichtspunkt	Restaurant
Bahn	Schwimmbad
Bank/Bankomat	Seilbahn
Buch-/Kartentipp	Sessellift
Bus	siehe
E-Mail-Adresse	Supermarkt
Entfernung	Telefon
Fax	Tipp
geöffnet ...	Unterhaltung
Gesundheit	Variante
Hin und zurück	Vorwahl
Homepage	Wanderstrecke
Hotel, Chalet	Wildpark
Information	Zeitbedarf
Kirche, Kapelle	Zeltplatz

Vorwort

„Wie eine Pyramide, von einem innern geheimnisvollen Lichte durchzogen“, so hat Goethe am 4. November 1779 bei seiner nächtlichen Ankunft in Chamonix den Montblanc beschrieben. Bis heute hat sich daran nichts geändert.

Eine eigenartige Faszination geht von Europas höchstem Berg aus. Jeder, der das Montblanc-Massiv erblickt, ob aus der Tiefe des Tals oder von einem der vielen Aussichtspunkte, ist überwältigt von der

Mächtigkeit und Kompaktheit des Gebirgsstocks, von den aufragenden Felsnadeln, den luftigen Spitzen, den schlanken schwindelerregenden Felstürmen, den wild zerrissenen Gletschern, die bis tief ins Tal fließen und eine Symphonie aus Fels und Eis bilden.

Hinter diesen vor 40 Millionen Jahren entstanden Bergen verbirgt sich eine Natur von überwältigendem Zauber. Wer diesen Zauber aufspüren möchte, begibt sich auf die Tour du Mont-Blanc (TMB), eine der schönsten und faszinierendsten aller Rundwanderungen Europas.

Und wer einmal die unglaubliche Farbpalette einer Morgendämmerung von einer der aussichtsreichen Refuges erlebt hat, versteht den Mythos Montblanc!

Einleitung

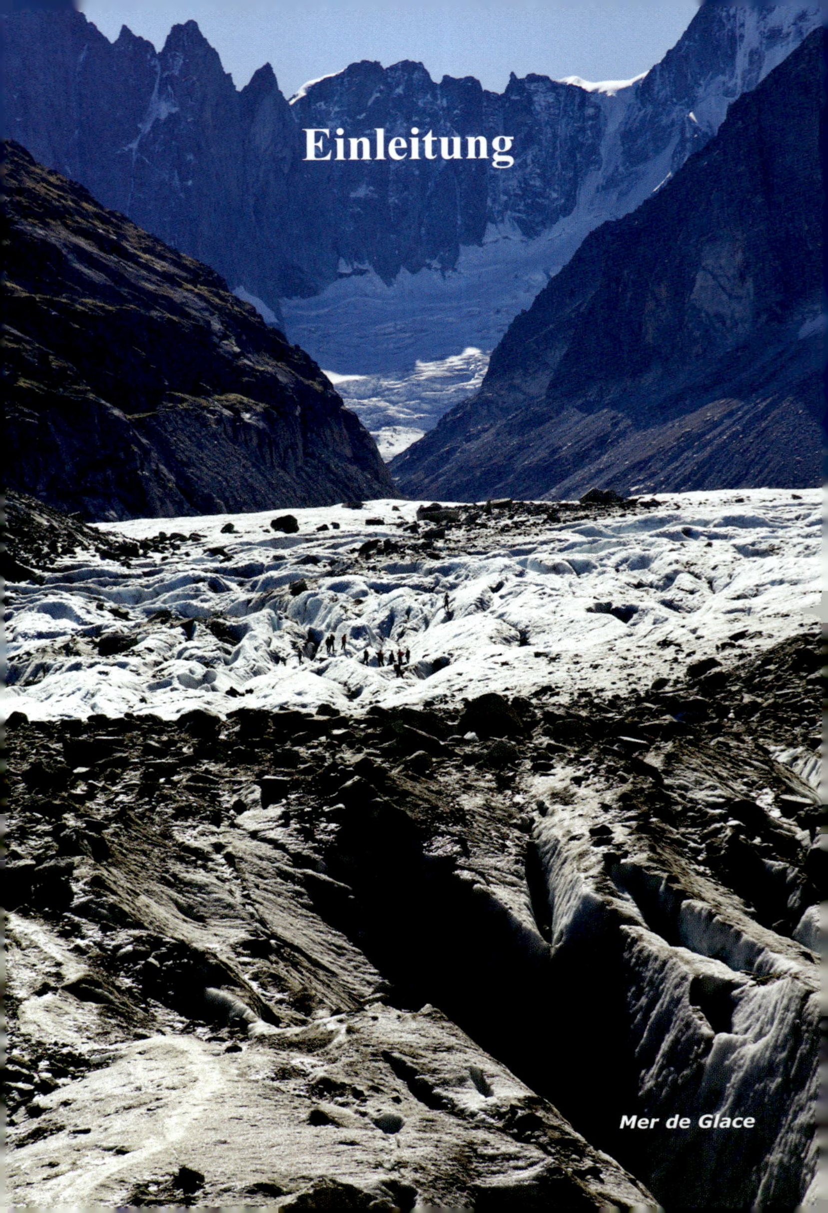

Mer de Glace

Der Montblanc-Rundweg

Faszination Montblanc - seit es ihn gibt und solange es ihn geben wird! Viertausendachthundertzehn Höhenmeter Träume und Phantasien, die in den Köpfen vieler Bergsteiger herumspuken. Ob jung oder alt, Anfänger oder alter Hase. Und so treten sie sich Jahr für Jahr von April bis September dort oben auf die Füße. Verheißung und Erfüllung nur für extreme Hochalpinisten möglich?

Man muss den Berg der Berge, das Dach Europas, den Monarch, den König der Alpen nicht besteigen. Manchmal ist es schöner, ihn mit etwas Distanz zu betrachten. Und vor allem, man muss kein Bergsteiger sein. Nur Kondition und etwas Ausdauer sollte man mitbringen.

Auf den über 160 km markierten Wanderwegen der Tour du Mont-Blanc (TMB) kann der eisgepanzerte Gebirgsstock umrundet werden wie ein schönes Kunstwerk, das man auf einen freistehenden Sockel stellt, um es von allen Seiten zu bewundern. Und es ist immer wieder atemberaubend, wie viele verschiedene Gesichter des Monarchen man unterwegs entdecken kann.

Sie werden drei Länder berühren, können 13 Pässe überqueren, über 9.000 Höhenmeter im Aufstieg und etwa 8.000 Höhenmeter im Abstieg bewältigen, wenn Sie Lust auf das gewaltigste Naturerlebnis Europas haben: Einblicke in chaotische Gletscherbrüche, bizarre Felsnadeln, traumhaft gelegene Hochgebirgsseen, melancholisch stimmende Hochmoore, idyllische Wasserfälle, enge Schluchten, Moränen, Schuttkegel, Teppiche voller Alpenblumen, flinke Gämsen, in der Sonne dösende Steinböcke, urige Alphütten, unendliche Fernblicke - die Natur zeigt ihre vielfältige Schönheit - und es hat sich herumgesprochen.

Der Drei-Länder-Weg rund um den Montblanc ist für Weitwanderer ebenso zum Klassiker geworden wie der Aufstieg auf den Gipfel für Bergsteiger. Weil die Route seither stark frequentiert ist, wurden zusätzlich zum Normalweg unzählige Varianten angelegt, auf die in den einzelnen Etappen verwiesen wird. Wer die Abgeschiedenheit liebt, sollte den Rundweg von Mitte Juli bis Mitte August meiden, um seine Wanderung relativ unbehelligt genießen zu können.

Auf Veranlassung der Alliance Internationale de Tourisme wurde der Montblanc-Rundwanderweg 1951 mit Hilfe der Touring-Clubs durchgehend markiert. Der italienische Alpenclub ließ sogar eigens aus diesem Anlass als zusätzlichen Stützpunkt das Rifugio Elisabetta Soldini bauen. Da die Abkürzung **TMB** für die **Tour du Mont-Blanc** mittlerweile zu einem eigenständigen Begriff geworden ist und viele der gelben Wegweiser dieses Kürzel tragen, habe auch ich diese Bezeichnung im Text übernommen.

In welche Richtung Sie die TMB laufen und wo Sie in die Umrundung einsteigen, spielt im Grunde keine Rolle. Die Mehrzahl der Wanderer beginnt in **Les Houches** und läuft gegen den Uhrzeigersinn. Langgezogene Täler wie das **Val Veni** und das **Val Ferret** werden häufig mit dem Bus abgekürzt.

Faszinierende Hochgebirgsszenerien wechseln ab mit lieblichen Tal- und Panoramawegen. Wenn man die TMB nach den gewaltigsten Landschaftseindrücken einteilen müsste, könnte man sagen, dass der spektakulärste Teil zwischen **Chamonix** und dem **Grand Col Ferret** sowie zwischen **Champex**, dem **Fenêtre d'Arpette** und dem **Col de Forclaz** liegt. Der verbleibende Rest fällt unter die Kategorie: beschauliche Tal- und Panorama-Genusstour.

Was der Einzelne als eindrücklich empfindet, ist letztendlich Geschmacksache. Wobei das Wetter, die eigene Laune und die Stimmung der eventuell begleitenden Wanderkollegen die Beurteilung sicherlich stark beeinflussen. Mir hat der Part zwischen **Col de la Seigne** und dem **Grand Col Ferret**, sowie der Übergang durch das Fenêtre d'Arpette am meisten den Atem geraubt, und das nicht etwa wegen mangelnder Kondition.

Wieso 12 Tage Rundwanderung? Manche werden da vielleicht lachen und denken: „ich habe die Tour in 7 Tagen geschafft". Doch so gut wie alle, die die Umrundung in weniger als 10 bis 12 Tagen bewältigten, haben Teilabschnitte mit öffentlichen Verkehrsmitteln zurückgelegt. Das fängt meist schon auf der 1. Etappe an, indem der Aufstieg von **Les Houches** bis **Bellevue** mit der Seilbahn überwunden wird.

Beliebt unter den TMB-Wandervögeln ist auch die Zuhilfenahme des Busses durch das **Val Veni** und **Val Ferret**.

Die 12 Etappen beschreiben die gesamte Umrundung zu Fuß, wobei jeweils auf Abkürzungen durch öffentliche Verkehrsmittel sowie auf alternative Wandermöglichkeiten hingewiesen wird.

Zeitproblem

Wer sich nur wenige Tage Zeit nehmen kann, hat viele Möglichkeiten. An praktisch allen Etappenzielen ist ein „Zurück in die Zivilisation" möglich. Die meisten Etappen können in Tagesausflügen bewältigt werden. Bester Ausgangspunkt ist Chamonix, aber auch Courmayeur auf der italienischen Seite.

☺ Für Tagesausflügler empfiehlt sich der Rother Wanderführer „Rund um den Montblanc" (☞ Literatur), in dem 50 ausgewählte Halbtages- und Tageswanderungen vorgestellt werden.

Kleine Montblanc-Rundtour

Wanderer mit guter Kondition können sich die Kleine Montblanc-Rundwanderung vornehmen. Diese etwas anstrengende Tour erschließt in 4 Tagen einen großen Teil des Montblanc-Massivs.

Tag 1: Les Contamines - Col du Bonhomme - Les Chapieux
Tag 2: Les Chapieux - Ville des Glaciers - Col de la Seigne - Rifugio Elisabetta
Tag 3: Rifugio Elisabetta - Colle Checrouit - Courmayeur
Tag 4: Courmayeur - La Palud - Überquerung der Montblancgruppe mit der Seilbahn bis Chamonix

🚌 Busverbindung zum Ausgangspunkt **Les Contamines**. Zwischen Les Chapieux und Ville des Glaciers sowie im Val Veni zwischen Chalet du Miage und Courmayeur kann mit dem Bus abgekürzt werden.

Ob bequem veranlagt oder nicht, die Überquerung der Montblancgruppe per Seilbahn von Chamonix oder umgekehrt von La Palud auf der italienischen Seite des Montblanctunnels ist in jedem Fall ein unvergessliches Erlebnis. Voraussetzung ist gutes Wetter.

Leider ist es ziemlich kostspielig. Die Fahrt von Chamonix bis zur Aiguille du Midi und retour kostet allein € 42,50. Hinzu kommt, dass die schnelle Überwindung dieser enormen Höhenunterschiede Kreislaufprobleme verursachen kann. Vermeiden sollte man deshalb überstürzte Bewegungen beim Ein- und Aussteigen oder beim Treppensteigen.

▷ Chamonix - Plan de l'Aiguille. ⇳ 1.300 m, 9 Min.

▷ Plan de l'Aiguille - Piton Nord de l'Aiguille du Midi. ⇳ 1.500 m, 8 Min.

▷ Piton Central de l'Aiguille du Midi (Aufzug zur Aussichtsterrasse), ⇳ 65 m

▷ Aiguille du Midi - Pointe Helbronner. ⇳ 1.300 m, 35 Min. (über das Vallée Blanche und den Glacier du Géant)

▷ Pointe Helbronner - Refuge Torino. ⇳ 100 m, 3 Min. (Aussichtsterrasse auf der Pointe Helbronner)

▷ Refuge Torino - La Palud. 2.000 m, 15 Min (zwei Abschnitte)

▷ La Palud - Chamonix durch den Tunnel, 🚌 (☞ Etappen 1-4, Chamonix)

Wissenswertes über die Region

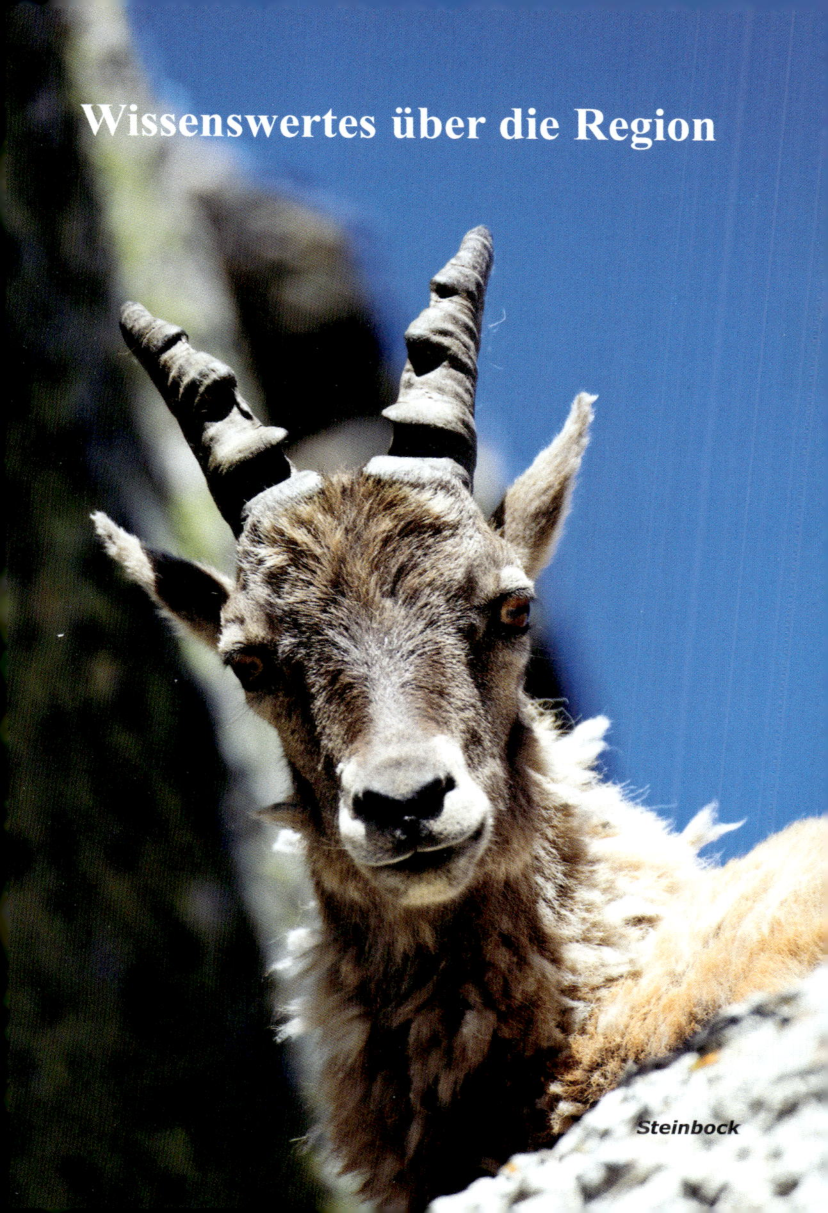

Steinbock

Geografie & Geologie

Die **Alpen** ziehen sich in einem großen Bogen vom Golf von Genua nach Westen und Norden, dann weiter nach Osten bis Österreich und nach Slowenien hinein. Sie erreichen eine Länge von 1.200 km.

Der französische Teil des Gebirges erstreckt sich über 270 km vom Genfer See bis ans Mittelmeer bei Nizza. Die höchste Erhebung, der 4.810 m hohe **Montblanc**, liegt in den zentralen Hochalpen.

Weil die Alpen „erst“ im Tertiär (Erdneuzeit) entstanden sind, ungefähr zur gleichen Zeit wie der Himalaya und die Pyrenäen, spricht man von einem „jungen“ Gebirge. Vor 30 oder 40 Mio. Jahren soll die Alpenkette bei einer gigantischen Kollision zwischen dem europäischen und afrikanischen Kontinent entstanden sein. Die verschiedenen Gesteinsschichten wurden dabei nicht nur kompliziert gefaltet und ineinandergeschoben, sondern zugleich auch angehoben. Diese Auffaltung hat das formenreichste Gebirge Europas entstehen lassen, und der Höhepunkt an Formenvielfalt gipfelt im Montblanc-Massiv.

Seit der Entstehung hat das Wasser das Gestein unaufhörlich weiter modelliert und mit Höhlen, Abgründen, Schluchten, rundem, eckigem, spitzem Fels, eine gewaltige Bildhauerarbeit geleistet.

Die Eismassen der Gletscher arbeiten wie mächtige Hobel Mulden in die Landschaft, weiten Täler aus und schleifen Hügel ab. Dieser Prozess begann im Quartär. Vor 2 Mio. Jahren kühlte sich die Erdatmosphäre derart ab, dass sich im Laufe der vier aufeinanderfolgenden Eiszeiten eine dicke Eisschicht über die Alpen legte. Wo heute Chamonix liegt, soll die Eisdecke während der letzten Eiszeit vor 10.000 Jahren bis zu 1.000 m betragen haben.

Nach dem Ende der Eiszeit schmolzen viele Gletscher und es bildeten sich reißende Flüsse, die das Gebirgsrelief weiter bearbeiteten. Sie gruben tiefe Furchen und schufen sog. Klamme, eindrucksvolle, enge Schluchten wie z.B. die der Diosaz bei Servoz.

Nach wie vor befindet sich in den **Savoyer Alpen** die größte Vergletscherung. Ein Drittel des Montblanc-Massivs, dessen Oberfläche 645 km² umfasst, ist vergletschert. Hauptursache sind die großen Nie-

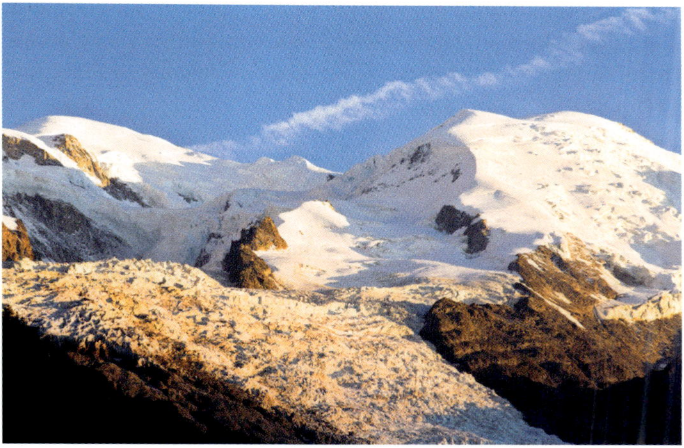

Mont Blanc über den Dächern von Chamonix

derschlagsmengen sowie die enormen Höhen. Der **Argentière**- und der **Bossonsgletscher** sowie das *Mer de Glace*, das **Eismeer**, sind typische Talgletscher. Sie beginnen mit einem Firnfeld, in dem sich der Schnee ansammelt und durch Druck in Eis verwandelt.

Es folgt die von zumeist radialen Spalten durchzogene Gletscherzunge. Da Eis nicht elastisch genug ist, um sich ganz an die Oberfläche des Felsbettes anzuschmiegen, reißen in stark abschüssigem Gelände Querspalten auf, in deren Umgebung Eisbrüche entstehen und die Gletscheroberfläche sich in Eis- und Firnzacken, sog. *Séracs*, zerstückelt. Diese durch die Steilheit der Gletscher verursachte Sérac- und Spaltenbildung sowie das Hinabfließen bis weit ins Tal hinunter ist sicherlich das eindrucksvollste im Montblanc-Massiv.

Durch Unfälle hat man festgestellt, dass sich die Gletscher bewegen. So fand sich eine Leiche, die in den Firnblöcken des Géant zurückgeblieben war, 44 Jahre später 4 km talabwärts wieder.

Die geschätzte Durchschnittsgeschwindigkeit beträgt 100 m pro Jahr. Wie die Strömung eines Flusses gleitet das Eis nicht gleichmäßig voran, sondern wird bei Steilstufen schneller und kann eine Geschwindigkeit von 930 m pro Jahr erreichen. Durch die Fortbewegung werden Gesteinstrümmer mitgerissen, die Moränen bilden und oft Seen aufstauen.

Durch die Erwärmung der Erdoberfläche nimmt seit Beginn des 20. Jahrhunderts der Umfang der Gletscher immer stärker ab. Ursprünglich hatten sich drei Gletscher zum Eismeer zusammengeschlossen: der **Leschauxgletscher** am Fuß der **Grandes Jorasses**, der **Géantgletscher** mit dem Weißen Tal (*Vallée Blanche*), dem **Taculgletscher**, und der **Talèfgletscher**. Letzterer hat sich in den 50er Jahren vom Eismeer getrennt.

Trotzdem zählt das Eismeer mit 14 km Länge noch immer zu einem der längsten Gletscher der Alpen. Doch es schmilzt weiter: der durchschnittliche Gletscherschwund beträgt 7,5 m im Jahr, die steilen Gletscher ziehen sich jährlich bis zu 14 m zurück. Der **Argentièregletscher** ist zwischen 1860 und 1999 um mehr als 600 m zurückgegangen.

Und es kommt noch schlimmer. Nicht nur die Gletscher gehen zurück, der Monarch beginnt auch noch abzubröckeln. Das Dach Europas ist nicht mehr stabil. Durch zahlreiche Bergstürze rutscht dem Massiv immer mehr der Sockel weg, wie 1997 auf der Ostseite am Brenvasporn. Im September des gleichen Jahres ist am spitzen Dreieck des **Petit Dru** ein großer Teil der Westwand abgebrochen. Auch am **Col du Midi** hat sich das Felsfundament bewegt, gesenkt und verschoben. Das dortige Refuge Cosmique musste wegen zu starker Schräglage schließen, ebenso eine Biwakhütte nahe der Brenvawand.

Durch zunehmenden Steinschlag und Bergstürze können viele Routen gar nicht mehr begangen werden. Natürlich hat es schon immer Bergstürze gegeben, aber niemals in dieser Häufigkeit. Statistisch gesehen treten „normale" Bergstürze (Bergsturz = Felsabbruch von mehr als 1 Mio. m^3) in den Alpen etwa alle 30 Jahre auf. Geologen führen dieses Phänomen auf die seit 1980 in den Alpen beobachtete starke Erwärmung zurück, die zur Auflösung des Permafrostes führt. Die Null-Grad-Grenze steigt immer höher. Eis, das die Flanken und Schuttmassen zusammengehalten hat, schmilzt zusehends. Durch Wasseransammlung in den Hohlräumen des Permafrostbereiches bildet sich starker Druck, der explosionsartig Bergstürze auslösen kann.

Das Montblanc-Massiv mit einer Länge von 50 km und einer Breite von maximal 15 km bezaubert vor allem auch durch die Wildheit seiner bizarren Fels- und Eisabstürze, die aus magmatischem Gestein wie Basalt und Granit bestehen.

Das **Arvetal**, das **Val Veni** und das **Val Ferret** bilden die natürlichen Grenzen im Westen und Osten. Das V**al d'Entremont** grenzt die Montblanc-Gruppe zu den **Walliser Alpen** nach Norden hin ab. Weniger ausgeprägt ist die Südbegrenzung. In der südwestlichen Verlängerung des Val Veni zieht sie sich über den **Col de la Seigne** ins **Val des Glaciers** bis **Chapieux**, führt dann über den **Col du Bonhomme** nach **Les Contamines**, um hinter **St-Gervais** wieder auf das Arvetal zu stoßen.

Grundverschieden sind die Gesichter des Gebirgsblocks von Norden und von Süden. Die **französische Seite** des Massivs zeigt sich majestätisch. Gletscherströme fließen in arktischer Größe und Schönheit bis weit ins Tal. Aus ihnen ragen phantastische Nadeln, die in aufeinanderfolgenden Schultern und Aufschwüngen gen Himmel zeigen. Die Eismassen wirken geheimnisvoll und üben eine merkwürdige Faszination aus. Man kann gut nachvollziehen, dass sie früher nur Furcht und Schrecken einflößten, aber heute, nachdem sie voll erschlossen sind, beeindrucken, überraschen und entzücken sie den Betrachter.

Die **italienische Seite** beeindruckt durch ihre wildzerrissene Steilheit. Über dem Val Ferret im Nordosten und dem Val Veni im Südwesten erhebt sich plötzlich und mit Urkraft eine Felsmauer aus Granitgestein, die sich in gewaltigen Aufschwüngen und Pfeilern empor bis zum Schnee der Gipfelwechten erstreckt. Gletscher, von Steinschlägen und Bergstürzen übersät, flankiert von Steilwänden und eingezwängt zwischen zersägten Felsgraten, stürzen ins Tal.

Während sich der Montblanc auf der französischen Seite im Hintergrund hält, steht er auf der italienischen ganz im Vordergrund.

Die **schweizerische Seite** ist lieblich, gekennzeichnet durch idyllische Almen und bewaldete Talböden, die Gipfel sind weniger imposant, weniger erdrückend. Betrachtet man die politischen Grenzverhältnisse genauer, so gehört die gesamte Nordseite, auch die Gipfelkuppe des Montblanc, zu Frankreich.

Die Südseite befindet sich erst seit 1860 auf italienischem Territorium, was die vielen französischen Orts- und Bergnamen im Tal von Courmayeur erklärt.

Zur Schweiz gehört ein relativ bescheidenes Gebiet im östlichen Teil des Gebirgsstocks. Die Grenzen aller drei Länder treffen sich auf dem Gipfel des Mont Dolent.

Flora

Wer sich für Botanik interessiert, erkennt beim Aufstieg schnell, dass in den Bergregionen die Zeit langsamer geht. Blumen, die in den Bergtälern bereits verblüht sind, zeigen noch ihre ganze Blütenpracht auf 1.000 m Höhe.

Je höher man steigt, desto stärker verändert sich die Vegetation. Der **Bergwald**, je nach Region dominieren Buchen, Tannen oder Föhren, wechselt langsam in einen **subalpinen Wald** über. Dieser besteht aus Zirbel- und Bergkiefern oder Lärchen.

Die **Lärche** ist der einzige Nadelbaum, der seine Nadeln im Herbst verliert. Doch bevor sie ihr Kleid ablegt, färbt es sich in ein leuchtendes Gold, was den besonderen Reiz einer Herbstwanderung ausmacht (z.B. im Val Veni und Val Ferret). Lärchen gedeihen vor allem an Südhängen der Hochgebirgszonen, den sogenannten „trockenen Alpen“ (*Alpes sèches*). Die lichten Zweige lassen das Sonnenlicht durch, so dass Gras unter den Bäumen wachsen kann.

Die **Blumen** aus dem Flachland verschwinden allmählich und machen den **Orophyten** (= Bergpflanzen) Platz. Einige, wie das orangerote Habichtskraut oder die Purpurdistel, sind im ganzen Alpengebiet zu finden, andere sind auf gewisse Regionen beschränkt.

Unter Alpenflora versteht man im Allgemeinen Pflanzen, die oberhalb der Baumgrenze (etwa bei 2.200 m) gedeihen. Allerdings hat der Eingriff des Menschen viele der natürlichen Gegebenheiten verändert. So wurde zum Beispiel die Waldgrenze an vielen Stellen durch die Schaffung von Weiden künstlich abgesenkt.

So verschieden die Alpenflora auch ist, die Pflanzen haben ein wesentliches gemeinsames Merkmal: sie sind von niedrigem Wuchs, bilden Polster, flache Rosetten und die Zweige kleiner Sträucher halten sich dicht am Boden. Stängel und Blätter sind klein, die Blüte dagegen umso Aufsehen erregender.

Viele der Bergpflanzen sind mit einer Fülle von leuchtenden Blüten bedeckt, was durch die intensive Lichteinstrahlung mit hohem Ultraviolettanteil bedingt ist. Wohl keine Blume aus dem Tal kann es mit dem Blau des **Enzians** aufnehmen. Auch nicht mit dem Purpur des **Alpensüßklees** (*Hedysanum hedysaroides*) oder dem Rosarot der **Alpenrose**. Starke Behaarung schützt vor zu heftiger Sonneneinstrahlung und Wasserverlust; die Dickblättrigkeit sichert die Stabilität des Wasserhaushaltes.

Noch viele andere Faktoren spielen bei der Alpenflora eine Rolle: Sonneneinstrahlung, Mikroklima, Bodenbeschaffenheit, etc. Manche Pflanzen gedeihen nur auf kalkhaltigem, andere nur auf silikatreichem Boden. Oder sie müssen sich an die Temperatur anpassen, die pro 100 Höhenmeter etwa um ein halbes Grad sinkt. Ein halbes Grad weniger heißt eine Woche kürzere Pflanzenwuchszeit. Während die Wachstumszeit auf 500 m Höhe ungefähr 210 Tage beträgt, haben die Pflanzen in alpiner Höhe kaum zwei Monate Zeit, um ihren Entwicklungszyklus durchzumachen.

Manche Pflanzen haben gelernt, ihre Vegetationszeit zu verlängern, indem sie unter der Schneedecke weiterleben. Dieser Deckmantel schützt sie vor Frost, lässt aber gleichzeitig Licht durch.

Tatsächlich stammt ein Großteil der vielfältigen Alpenflora aus anderen Regionen, z.B. die Flockenblume aus dem Flachland und den Mittelgebirgen, Nelken und Narzissen aus dem Mittelmeerraum,

Edelweiß und Primeln aus Asien, ja sogar Hahnenfuß und Island-Mohn aus der Arktis. Einige einheimische Pflanzen haben die Eiszeit überlebt, wie Akelei und Baldrian.

In einer Zeit, wo der Mensch seine Umwelt immer stärker belastet, sind einige der Pflanzengattungen vom Aussterben bedroht: Alpen-Anemone (*Anemona alpina*, Mai-Juli), Alpen-Mannstreu (*Eryngium alpinum*, Juli/Aug.), Edelweiß (*Leontopodium alpinum*, Juli-Sept.), Stengelloser Enzian (*Gentiana acaulis*, Mai-Aug.), Feuerlilie (*Lilium bulbiferum*, Juni/Juli), Türkenbund (*Lilium martagon*, Juni-Aug.), Rosarote Alpenrose (*Rhododendron ferrugineum*, Juli/Aug.). Sie zu pflücken wäre fatal!

Unterwegs auf der TMB entdeckt man viele essbare Pflanzen, z.B. ganze Wiesen mit Weidenröschen (oder Sankt-Antons-Lorbeer), mit denen man seinen Speisezettel aufwerten kann.

📖 **Essbare Wildpflanzen**, Hartmut Engel & Iris Kürschner, OutdoorHandbuch Basiswissen für draußen, Conrad Stein Verlag, ISBN 978-3-86686-375-0, € 8,90

Fauna

Viele der typischen Tiere aus dem Alpenraum sind vom Aussterben bedroht, manche außerhalb der Naturparks überhaupt nicht mehr anzutreffen, andere sind aus anderen Ländern wieder eingeführt worden.

Ihnen allen gemeinsam ist ihre Menschenscheu. Dazu erschwert die Unzugänglichkeit ihres Lebensraumes die Beobachtung. Gleichzeitig bleiben so ihre letzten ursprünglichen Verbreitungsgebiete in der grandiosen Alpenlandschaft erhalten.

Doch nicht nur typische Gebirgsbewohner wie Steinbock, Gämse, Schneehase, Murmeltier, Alpendohle, Marder oder Königsadler leben dort, sondern auch andere Tierarten, die sich der alpinen Höhenlage angepasst haben, wie Hirsch, Fuchs oder Hermelin.

Ein Symbol für die im Alpenraum lebenden Tiere ist der **Steinbock** (*Capra ibex*). Als beliebtes Jagdobjekt war er zu Beginn des 19. Jahr-

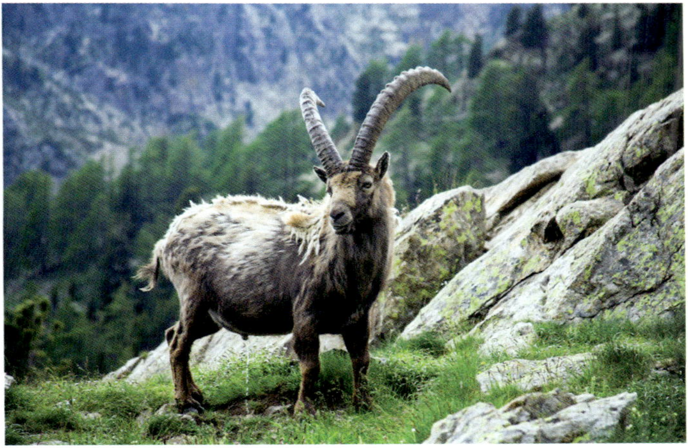

Steinbock beim Pinkeln

hunderts nahezu ausgerottet. Die Rettung kam vom König von Italien, der 1856 im Gran Paradiso Massiv ein Reservat einrichten ließ. Die über 40.000 Tiere, die gegenwärtig das Alpengebiet in Frankreich, Italien, der Schweiz, Österreich und Slowenien bevölkern, stammen alle von dieser Gruppe ab.

Ihr Lebensraum liegt auf einer Höhe zwischen 2.700 und 3.300 m. Die großen, gerippten Hörner des Männchens können über einen Meter lang werden, die des Weibchens nicht länger als 25 cm.

Der Steinbock ist ein ruhiges Tier, das gerne in der Sonne döst und sich von Gräsern und Kräutern ernährt. Die Böcke bleiben in Herden unter sich. Erst wenn der erste Schnee fällt, suchen sie die Nähe der kleineren, scheueren Weibchen, um die sie Rivalenkämpfe austragen.

Die grazilen, wendigen **Gämsen** leben in Rudeln oder als Einzelgänger, je nach Jahreszeit in einer Höhe zwischen 400 und 4.000 m. Ihre schmalen, aber robusten Hufe erlauben ihnen eine unglaubliche Wendigkeit, so dass sie mühelos von Fels zu Fels springen und immer die abgelegensten Orte aufsuchen, unnahbar für Menschen. Sie verfügen

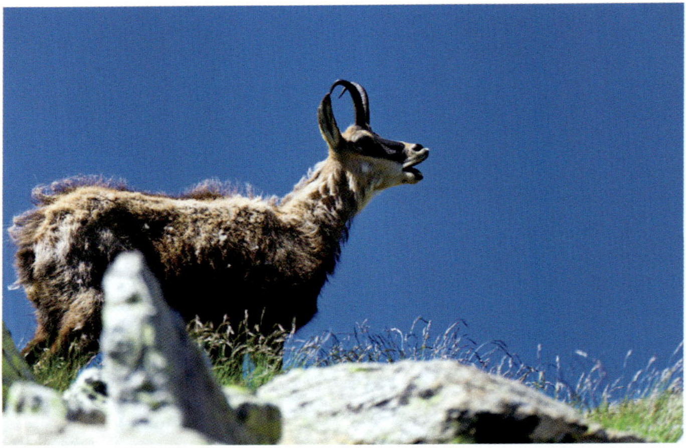

Gämse

über ein ausgezeichnetes Gehör und Sehvermögen und wittern einen Fremdling auf eine Distanz von 500 m. Wer diese ausgezeichneten Kletterer beobachten möchte, muss daher auf eine günstige Windrichtung achten und sich flach am Boden liegend möglichst unsichtbar machen.

Ein charakteristisches Pfeifen, das Warnsignal eines **Murmeltiers** (*Marmota marmota*), wird Sie auf der TMB oft begleiten. Doch das, was wie ein Pfiff klingt, ist im Grunde ein Schrei, denn der schrille Laut wird nicht zwischen den Zähnen gebildet, sondern dringt aus der Kehle hervor. Folgen die Pfiffe kurz aufeinander werden die Artgenossen vor einer Gefahr am Boden gewarnt, ein lang gezogener Pfiff hingegen meldet einen Angriff aus der Luft.

In der Regel sind die pelzigen Nagetiere scheu und nur aus der Ferne zu beobachten. Ihre Lebensgewohnheiten sind lange Zeit kaum erforscht gewesen, da sich ein Großteil ihrer Aktivität unter dem Boden abspielt. An sonnigen Hängen oberhalb der Waldgrenze graben sie sich ihre Wohnkammern bis zu drei Meter tief in die Erde. Mehrere Gänge führen von dort ans Tageslicht, aber auch Sackgassen sind eingerichtet, die als Toilette genutzt werden. Das Sozialverhalten der in Großfamilien lebenden Tiere ist sehr ausgeprägt und äußert sich in gegenseitiger Fürsorge, Aufmerksamkeit und dem Warnen vor Feinden. Die einzelnen familiären Territorien werden auch gegenüber Artgenossen streng verteidigt.

Der Winterschlaf, der etwa Anfang Oktober beginnt, ist das physiologisch interessanteste Phänomen. Über die Hälfte des Jahres liegt das Murmeltier lethargisch auf einem Heulager in seinem Bau. Während dieser Zeit befindet es sich in Hypothermie, das heißt, dass seine Körpertemperatur auf fast 10°C abgesunken ist. Der Herzschlag geht auf acht bis zehn Schläge zurück und die Atmung findet nur noch ein- bis zweimal pro Minute statt. Eng zusammengerollt liegen stets mehrere Tiere zusammen und vermindern so die Wärmeabstrahlung. Die

Murmeltier

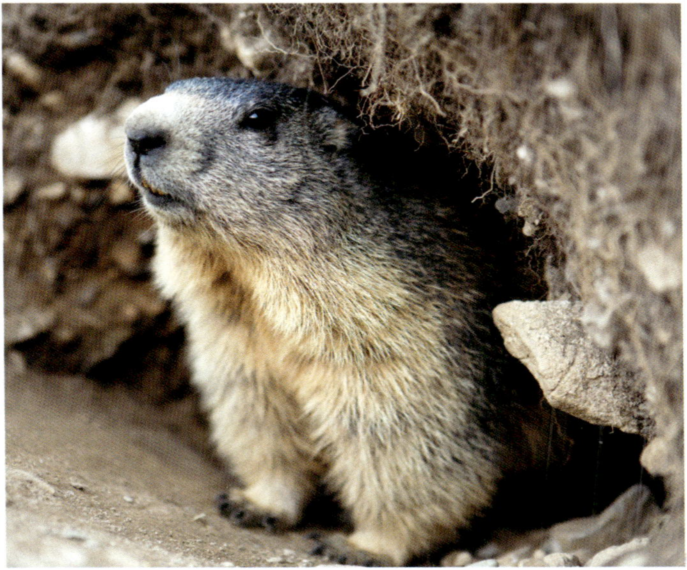

wenige Energie, die sie brauchen, beziehen sie ausschließlich aus ihren Fettreserven, die sie sich im Laufe der warmen Jahreszeit angefressen haben. Diesem Fett wurden denn auch heilende Kräfte zugesprochen, gegen Schlaflosigkeit, Gicht und Rheuma, weshalb sie lange Zeit gejagt und Anfang des Jahrhunderts sogar beinahe ausgerottet waren. Eine innere Uhr lässt sie im Frühling (Ende April/Anfang Mai) wieder erwachen. Kurz darauf folgt die Paarungszeit. Nach einer Tragzeit von etwas mehr als einem Monat kommen die Jungtiere nackt, als so genannte Nesthocker, zur Welt. Erst nach etwa 6 Wochen (in der Regel Mitte Juli) verlassen sie den schützenden Bau. Ein Erlebnis für jeden, der das Glück hat dies beobachten zu können.

Wie das Alpenschneehuhn ist der **Schneehase** (*Lepus timidus*) ein Relikt aus der Eiszeit. Als die letzte vor 15.000 Jahren zu Ende ging, folgten die Schneehasen den sich zurückziehenden Gletschern. Der Großteil von ihnen kehrte in seine ursprüngliche Heimat, die nördlichen Landstriche, zurück. Andere blieben in der Montblanc-Region, weil ihnen das arktische Klima zusagte.

Jede Saison wechselt der Schneehase seine Farbe, so dass er in vollkommener farblicher Übereinstimmung mit seiner Umgebung lebt: im Sommer ist sein Tarnkleid braun, im Winter weiß.

Wie das Auerhuhn gehört das **Alpenhuhn** (*Lagopus mutus*) zur Gattung der rebhuhnähnlichen, jedoch größeren Raufußhühner. Ursprünglich stammt es aus dem Hohen Norden. Man bezeichnet es als den widerstandsfähigsten, den extremen Bedingungen des Hochgebirges am besten angepassten Vogel. Zugleich ist er auch der einzige, der zu jeder Jahreszeit ein anderes Gefieder trägt. Durch diese perfekte Tarnung fühlen sie sich sehr sicher und ergreifen erst spät die Flucht, wenn man sich ihnen nähert.

Auch das **Hermelin** (*Mustela erminea*), das Große Wiesel, wechselt sein Fell. Im Sommer rotbraun, streift es im Winter ein schneeweißes Kleid über, nur die Schwanzspitze bleibt schwarz. Es gehört zur Gattung der Marder und ist so flink, dass der Beobachter meist nur einen flüchtigen Blick erhaschen kann. Dieses Miniraubtier erlegt mitunter Beutetiere, die viel schwerer sind als es selbst.

Über der Waldgrenze trifft man auf eine Zwergform des Hermelins, die in etwa die Größe des Gemeinen Wiesel haben, das heißt vom Kopf bis zum Schwanzende nicht mehr als 20 cm messen.

Der **Baummarder** (*Martes martes*) ist ein scheuer, schwer zu beobachtender Nachträuber. Er ist kein Felsbewohner wie sein Verwandter, der Stein- oder Hausmarder, und meidet menschliche Behausungen. Man trifft den Baummarder in Misch- und Nadelwäldern bis an die obere Wachstumsgrenze. Äußerlich unterscheidet er sich vom Steinmarder durch den spitz zulaufenden rotgelben Kehlfleck, die braunschwarze Nase (beim Steinmarder ist sie rosig), die größeren Ohren und die auf der Unterseite dichter behaarten Pfoten.

Der **Luchs** (*Lynx lynx*), die größte Raubkatze Europas, die im letzten Jahrhundert systematisch ausgerottet wurde, ist wieder eingeführt worden. Auch wenn er heute absoluten Schutz genießt, gilt er in den Augen der Bauern und Jäger nach wie vor als Wildräuber und Schafereißer.

Durch seine außerordentliche Anpassungsfähigkeit zählt der **Fuchs** (*Vulpes vulpes*) zu einem der am weitesten verbreiteten wild lebenden Säugetiere. Im Alpenraum kann man ihm überall begegnen, vom Talgrund, manchmal mitten in den Dörfern, bis in die nivale Zone auf über 2.500 m Höhe hinauf. Außerhalb der von März bis Juni dauernden Aufzuchtsperiode benutzt der Fuchs, im Gegensatz zum Dachs, seinen Bau nur sporadisch.

Beim **Hirsch** (*Cervus elaphus*), dem größten Säugetier der Alpen, gehört die Brunftzeit zu den für uns interessantesten Lebensperioden. Im Gebirge röhren die Hirsche zwischen September und Ende Oktober, wobei der Höhepunkt auf die ersten zehn Oktobertage fällt. Sie kehren in der Regel immer wieder zum gleichen Röhrplatz zurück, sind zu dieser Zeit kämpferisch aufgelegt und weniger menschenscheu.

Das **Reh** (*Capreolus capreolus*) lässt nach der Geburt sein Kitz im hohen Gras oder Gebüsch zurück. Dank seiner Geruchlosigkeit und seinem rotbraunen, mit hellen Tupfern übersäten Fell, ist es vor Räubern wie dem Fuchs oder streunenden Hunden relativ geschützt. Von der nahen Rehmutter wird alles überwacht. Nur kurz kehrt sie immer wieder zurück, um es zu säugen.

🕮 **Spuren und Fährten**, Hartmut Engel, OutdoorHandbuch Basiswissen für draußen, Conrad Stein Verlag, ISBN 978-3-86686-353-8, € 8,90

Vögel

Wie der Steinbock so ist auch der **Steinadler** (*Aquila chrysaetos*) ein Symbol der Alpenfauna. Zu seiner Grundnahrung gehört das Murmeltier. Im Sommer ist er, was seinen Speisezettel betrifft, sehr wählerisch, im Winter wird er zum Aasfresser.

Bartgeier (*Gypaetus barbatus*) haben eine Flügelspannweite zwischen 2,50 m und 2,80 m. Erst elf Jahre nach dem Beginn eines ehrgeizigen Wiedereinführungsprogramms gelang es dem in der Haute-Savoie angesiedelten Bartgeierpaar 1997, ihr erstes Junges aufzuziehen. Seit Beginn des 20. Jahrhunderts war dies der erste Nestbau eines wild lebenden Paars. Gegenwärtig leben etwa 50 Exemplare in den Alpen.

Jeder Bergfreund kennt die gelbschnablige **Alpendohle** (*Pyrrhocorax graculus*), denn sie ist kein scheuer Rabenvogel und überall, wo ein Picknickkorb raschelt, lässt sie sich gerne nieder. Menschliche Abfälle sind ihr Hauptnahrungsmittel. In der schönen Jahreszeit halten sich die Vögel auf den Weiden und bis auf 3.000 m Höhe in den Felsen auf. Im Winter fliegen sie am Morgen ins Tal hinunter, um in der menschlichen Umgebung nach Nahrung zu suchen. Am Abend kehren sie auf ihren nächtlichen Hochsitz zurück.

Von Juni bis Oktober kann man den **Tannenhäher** (*Nucifraga caryocatactes*) beim Sammeln von Haselnüssen beobachten, die er als Wintervorrat im Boden vergräbt.

In der kalten Jahreszeit bohrt der Vogel dann kleine Tunnel durch die Schneedecke und findet, dank seines guten Gedächtnisses, sofort die Beute wieder. So trägt er auch ganz nebenbei zur Verbreitung der **Arve** (Zirbelkiefer) bei, da er stets mehr Samen transportiert, als er verbraucht. Eine nur durch einen Vogel erfolgende Samenverbreitung nennt man Koevolution.

Klima

Das Wetter wird auf der TMB garantiert zum Gesprächsthema Nummer eins. Wer will schon durch eine grandiose Gebirgslandschaft wandern, die von Wolken verhangen ist. Außerdem können Leben und Gesundheit von der richtigen Wettereinschätzung abhängen.

Bei gefährlichen Abschnitten, wie beispielsweise dem Passübergang Col des Fours oder dem Fenetre d'Arpette, sollte schlechtes Wetter in der Berghütte abgewartet werden, oder man wählt die weniger riskante Alternative.

Eine gute Vorhersage gibt es bei www.meteofrance.com
Für eine telefonische Abfrage wählt man ☏ +33/(0)8/92 68 02 und gibt nach dem Start der Ansage die Nummer des Départements ein: 74 (Haute Savoie)
Oder man erkundigt sich direkt beim Maison de la Montagne in Chamonix, ☏ 04/50 53 22 08, www.ohm-chamonix.com.

Durch den Einfluss der Westwinde wird das Montblanc-Gebiet im Nordteil der französischen Alpen eher von atlantischem Klima bestimmt. Die Niederschläge, die von ozeanischen Winden aus dem Westen herangeführt werden, sind auf der französischen Seite höher als im italienischen Aostatal, das von der gewaltigen Gebirgsmauer abgeschirmt wird.

Jährliche Niederschlagsmenge: Les Contamines 1.459 mm, Chamonix 1.040 mm, Courmayeur 975 mm. Der meiste Niederschlag fällt im gewitterreichen Sommer.

Die Temperaturunterschiede zwischen Tag und Nacht sind groß. In Chamonix steigt das Thermometer im Sommer oft auf über 30°C. Mittlere Julitemperaturen: Les Contamines 21°C, Chamonix 22°C, Courmayeur 24°C.

Das Wetter in Gebirgsregionen ist von vielen Faktoren abhängig. Höhenunterschiede, Sonneneinstrahlung, Hangausrichtung, etc. schaffen räumlich stark begrenzte Klimazonen. Scheint die Sonne im weiten Tal von Sallanches, ist es um Chamonix vielleicht bewölkt, weil die Wolken an den hohen Nadelspitzen hängen bleiben.

Mit zunehmender **Höhe** nimmt der Luftdruck ab, die Luft wird dünner, die Temperaturen sinken (im Schnitt 0,5°C auf 100 m). Bei Windstille kann es aber auch zur Umkehrung dieses Phänomens kommen. Die schwere kalte Luft gleitet dann an den Hängen ins Tal hinunter, die warme steigt nach oben.

Je nach **Hanglage** tritt eine Verstärkung ein: der nach Süden ausgerichtete Hang, *adret* genannt, ist einer wesentlich intensiveren Sonneneinstrahlung ausgesetzt als der Nordhang, *ubac*, wo der Schnee länger liegen bleibt.

Das **Relief**, die Ausrichtung der Bergkämme, nimmt weiteren Einfluss auf Niederschlagsmenge und Windrichtung.

In den Randzonen der Massive und an deren Windseite fällt mehr Regen und Schnee. Alpentäler wirken wie Windkanäle, besonders im Sommer, wenn häufig Berg- und Talwinde wehen.

Ist es morgens in Chamonix noch schön, steigt gegen Mittag die warme Luft aus dem Tal nach oben, und es weht ein talaufwärts gerichteter Wind. Mehr und mehr bilden sich um die Gipfel Wolken. Nachts ist es dann oft wieder sternenklar.

Liegen die Berge nachmittags im Dunst, gilt das als Zeichen, dass das Wetter schön bleibt. Am Spätnachmittag flaut der Talwind ab, die Temperatur fällt. Ein kalter, heftiger Bergwind weht nun in umgekehrter Richtung durch das Tal.

Im Sommer treten in den Hochgebirgszonen häufig **Gewitter** auf. Sie resultieren meist aus der Überhitzung der Talböden im Zusammenwirken mit der kühleren und feuchteren Höhenluft.

Ein sicheres Zeichen für akute Gewittergefahr ist das ambossartige Ausfransen des oberen Teils einer hochreichenden Quellwolkenmasse. Aufgrund der extremen Wärme der Strombahn eines Blitzes dehnt sich die Luft ganz plötzlich aus. Es entsteht eine Druckwelle, die als Donner wahrgenommen wird.

Wetterregeln

- Wolkenauflösung am Abend deutet auf gutes Wetter hin.
- Dehnt sich der obere Teil einer hochreichenden Quellwolkenmasse ambossartig aus, drohen Gewitter.
- Mittelhohe Schichtwolken (*Altostratus*) künden Niederschläge an.
- Federwolken (*Zirren*) und ihr schneller Übergang zu Schleierwolken sprechen für eine Verschlechterung des Wetters.
- Halos („*halo*"= engl. für Heiligenschein, Hof) werden optische Erscheinungen genannt, die sich aufgrund gleichmäßiger Anordnung zahlloser Eiskristalle um Sonne und Mond bilden. Spricht der Volksmund von einem „Hof um den Mond", weist das fast immer auf eine Wetterverschlechterung hin.
- Schlechtwetter kommt, wenn sich der Himmel bei Föhnlage rasch verschleiert.
- Auflösung von Talnebel ist ein günstiges Wetterzeichen.
- Steigen die Nebel am Morgen, bildet sich oft eine Wolkendecke, und es können Niederschläge auftreten.
- Ein klares Abendrot und eine Abkühlung der Luft, weist fast immer auf schönes Wetter am nächsten Tag hin.
- Morgenrot ist ein Hinweis auf Niederschläge.
- Ein klarer, kalter Morgen deutet auf beständige Witterung hin. Reif und Tau ebenfalls.

Wetter, Michael Hodgson und Meeno Schrader, OutdoorHandbuch Basiswissen für draußen, Conrad Stein Verlag, ISBN 978-3-86686-013-1, € 7,90

Reise-Infos von A bis Z

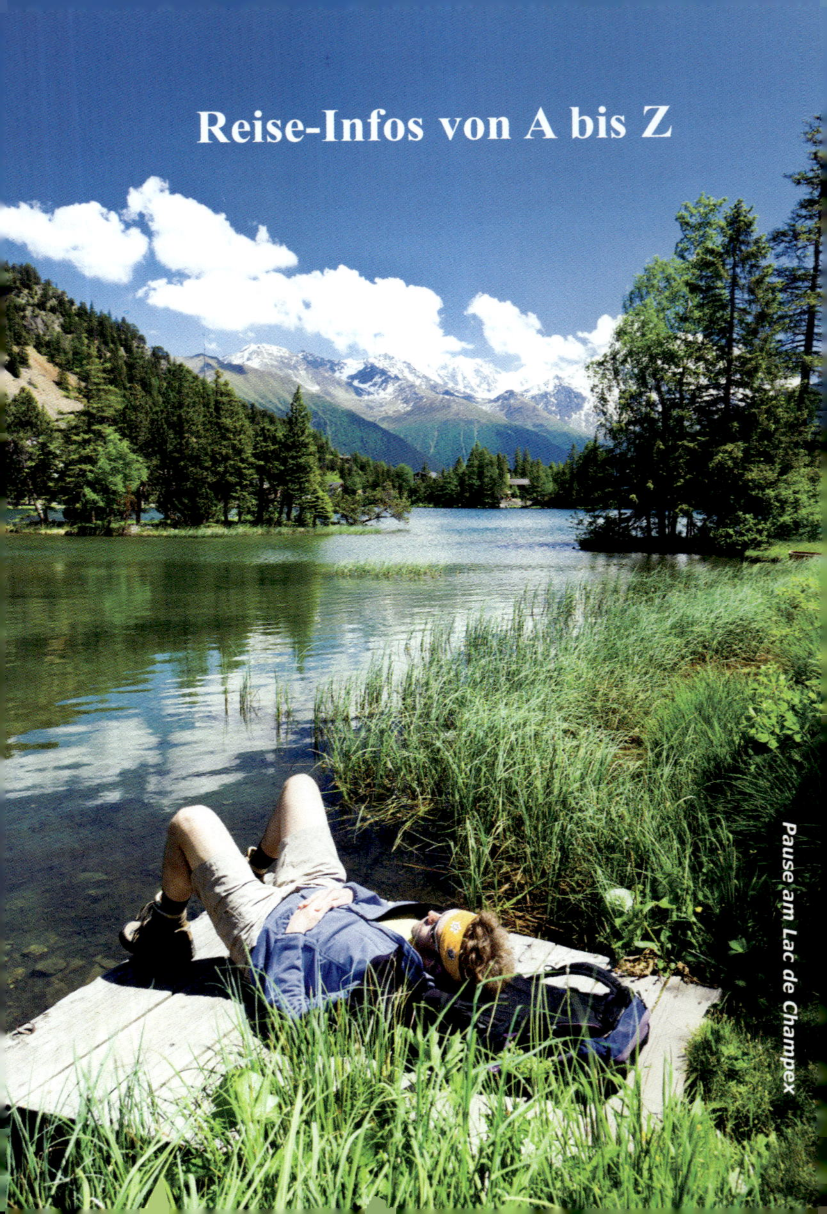

Pause am Lac de Champex

An- und Abreise

Da Sie als Wanderer vor Ort nicht auf ein eigenes Auto angewiesen sind, ist die einfachste und bequemste Anreise per Zug. Die schnellste Verbindung (mehrmals täglich) verläuft via Bern und Lausanne (umsteigen) bis Martigny. Dort steigt man in den Montblanc-Express um. Das Etikett „Express" ist etwas hoch gegriffen. Mit Hilfe von Zahnrädern muss die Schmalspurbahn Steigungen von 20 % bewältigen, um durch das enge Felstal des Flusses Trient hinaufklettern zu können, und das geht kaum im Schnellzugtempo. Trotzdem dauert die Fahrt von Basel nur etwa 5 Std. Fahrpläne: www.sbb.ch

Die andere mögliche Verbindung von Basel über Genf dauert etwa eine Stunde länger. In Genf muss vom Hauptbahnhof zum französischen Bahnhof Gare Eaux-Vives gewechselt werden (Tram 16, ca. 30 Min.). Von hier startet mehrmals täglich die Linie Genf - Chamonix - Vallorcine - Martigny.

Eine weitere Möglichkeit ist die Anreise per Flugzeug nach Genf. Am Rande der Stadt liegt der internationale Flughafen Genève-Cointrin.

♦ ☏ 022/717 71 11, www.gva.ch

Eine Bahnverbindung Flughafen - Hauptbahnhof gibt es alle 10 Min., Fahrzeit 6 Min. Oder Bus Nr.10, Flughafen - Stadtzentrum in 18 Min., jeweils sfr. 2,20. Weiter siehe oben bei .

Einfacher und kostengünstiger ist die Direktverbindung vom Flughafen nach Chamonix, die von zwei Busunternehmen angeboten wird:

www.alpybus.com, stündlich für € 19,50,
www.chamexpress.com, alle 45 Min. für € 28

Der kürzeste Weg mit dem Auto führt über Basel oder Zürich nach Bern, dann die A 12 Richtung Fribourg/Lausanne nach Montreux und weiter ins Wallis bis zur Autobahnausfahrt Montreux. Die Straße schraubt sich nun zum Col de la Forclaz hinauf (tolle Ausblicke ins Rhonetal) und nach Trient hinunter. Weiter über die französische

Grenze und den Col des Montets (tolle Aussicht, Informationszentrum des Naturreservats Aiguilles Rouges) nach Chamonix.

Von Basel aus dauert diese Fahrt ca. 3 Stunden.

Ausrüstung

Die Ausrüstung für die TMB sollte alpentauglich sein, denn zu schnell schlägt das Wetter um, zu schnell ist man umgeknickt.

Das A und O einer angenehmen Montblanc-Umrundung sind gut eingelaufene, bequeme Wanderschuhe, die auch bei den gelegentlichen steilen und steinigen Abschnitten festen Halt bieten. Die Zusammenstellung Ihrer Ausrüstung hängt natürlich auch davon ab, wo Sie übernachten wollen. Unterwegs gibt es traumhafte, einsame Zeltplätze.

Vorschlag zur Grundausstattung:

- ☐ feste Wanderschuhe und Wandersocken aus Wolle
- ☐ Unterwäsche
- ☐ Waschutensilien
- ☐ bequeme Hosen sowie wind- und regendichte Jacke
- ☐ warmer Pulli
- ☐ Regenschutz
- ☐ Trainingsanzug
- ☐ Hüttenschlafsack
- ☐ Trekkingsandalen als Hüttenschuhe. Im Fall wundgelaufener Füße auch als Wanderschuh einsetzbar.
- ☐ Stirnlampe
- ☐ dieses Buch + IGN-Landkarten 3630 OT Chamonix, 3531 ET Montblanc
- ☐ eventuell Kompass/GPS
- ☐ Taschenmesser
- ☐ Nähzeug
- ☐ Erste-Hilfe-Set
- ☐ Trinkflasche
- ☐ Sonnencreme
- ☐ Sonnenbrille

- ☐ Hut/Mütze
- ☐ Proviant/Energieriegel
- ☐ Plastiktüte für Abfälle

☺ In einigen Unterkünften gibt es nur Schlafsäle. Mittlerweile Pflicht ist die Mitnahme eines eigenen Hüttenschlafsacks, sehr angenehm sind solche aus Seide, die auch kaum ins Gewicht fallen.

Elektrizität

Die Spannung beträgt 220 Volt. Sollte ein Stecker nicht passen, gibt es in Haushaltsgeschäften oder den großen franz. Supermärkten Zwischenstecker (*adapteurs*) zu kaufen.

Essen und Trinken

Wer glaubt, die TMB sei ein entbehrungsreiches Unterfangen, wird seine Meinung sicherlich ganz schnell ändern und das Trockenfutter liebend gern einpacken, um seinen Gaumen mit Köstlichkeiten aus gleich drei Ländern zu verwöhnen. Was nicht heißen soll, dass ein Picknick nicht auch eine tolle Sache ist, schmeckt das Essen doch in freier Natur am allerbesten.

Für ein Picknick bieten sich die unzähligen leckeren Käsesorten der Region an, dazu frisches Baguette oder Bauernbrot, Tomaten, Oliven und, wem es nicht zu schwer ist, vielleicht noch ein Fläschchen Wein. Man sitzt auf weichen Wiesenmatten, schiebt sich mundgerechte Happen in den Mund, daneben leuchten Enziane, Weidenröschen oder Anemonen und dahinter blitzen die schneebepuderten Berge.

Käsespezialitäten, die in Savoyen an erster Stelle stehen, sind der cremig-würzige **Reblochon,** der Hartkäse **Beaufort, Serac**, ein gepresster Weißkäse und der milde **Tomme de Savoie**. *Tomme* heißt auf savoyisch nichts anderes als Käse.

Käse ist auch die Grundlage vieler heimischer Gerichte. Sicherlich das bekannteste und beliebteste Gericht auf allen drei Länderseiten ist das **Fondue**. Lang ist auch die Liste der vielen **Gratins**, weltberühmt das **Gratin Dauphinois**. Doch haben Sie schon einmal das **Gratin savoyard,** mit Tomme-Käse zubereitet, probiert? Wem es zuviel ist, der bestellt sich einfach einen Snack: z.B. **Toasts savoyards**, knuspriges Roggenbrot mit Reblochon und Walnüssen überbacken. Oder **Tarte au Beaufort**, eine heiß servierte Quiche gefüllt mit Beaufort und Crème fraîche.

An Köstlichkeit kaum zu übertreffen ist die **Tartiflette**. Doch dafür brauchen Sie einen Bärenhunger! Oder einfach mehr Mitesser. In der Tartiflette verschwindet nämlich ein ganzer Reblochon-Käse. Und der hat einen ganz netten Umfang. In dünne Scheiben geschnitten, wird er abwechselnd mit Kartoffelscheiben, Schinken und Gewürzen in eine Auflaufform geschichtet, mit Crème fraîche und Weißwein übergossen und anschließend überbacken.

Eine weitere Reblochon-Spezialität ist die **Pela**. Kartoffelwürfel werden mit reichlich Butter, Zwiebeln und Speck in der Pfanne gebraten. Ein in zwei Hälften geschnittener Reblochon landet mit der Rinde nach oben auf dem Gemisch, schmilzt auseinander und bildet einen ganz „formidablen" Schmaus.

Eine andere wichtige Grundlage auf allen drei Länderseiten ist der Maisbrei, die **Polenta**. Eine ganz spezielle Grundlage hingegen, die nur in der Haute-Savoie zu finden ist, sind die **Crozets**, ein Nudelgericht aus Schwarzmehl.

Aus dem Wallis kommt das bekannte Käsegericht **Raclette**. Typisch sind auch die in Fladen gebackenen **Roggenbrote**. Bestellen Sie dazu den **Walliserteller** mit köstlichen Trockenfleischspezialitäten.

Zum Nachtisch isst man in Savoyen gern Himbeer- oder Blaubeerkuchen. Der **Gâteau de Savoie** ist ein dünner Biskuitkuchen mit Walnussfüllung.

Der **Wein** ist auf allen drei Länderseiten fester Bestandteil eines Menüs. Trotz des unwirtlichen Klimas gedeihen in den Alpen einige der renommiertesten Weine.

Die savoyischen Weine beispielsweise waren bereits im Rom des 1. Jahrhundert ein Begriff. Als **Vin de Savoie** stechen die trockenen Weißweine besonders hervor, die an den unteren Hängen des Bauges-

Massivs angebaut werden: Abymes, St.-Baldoph, Chignin, Apremont, Cruet - aber auch der Azye, ein trockener **Perlwein** vom Ufer der Arve, und die **Rotweine** aus Chautagne am Lac de Bourget und aus Arbin am Fuß der Bauges. Die **Roussette de Savoie** sind spritzige, leicht säuerliche Weißweine, z.B. Frangy und Marestel.

Ein kleines Verdauungsschnäpschen bei zu viel Käsegenuss kann auch nicht schaden, ein **Marc de Savoie** (Tresterbranntwein) vielleicht?

Für die Damen etwas Süßes: ein **Génépi** (Kräuterlikör) oder **Chartreuse**, der berühmteste Likör Savoyens. Das als „Lebenselixier" bezeichnete Getränk wurde im 16. Jh. von den Kartäusermönchen erfunden. Ein Gebräu aus 130 verschiedenen, in Weinalkohol extrahierten Kräutern, mit Honig und Kandiszucker.

Auf italienischer Seite wird man sich natürlich gleich einen **Cappuccino** gönnen. Vielleicht auch weil der *café au lait* auf den Berghütten nicht jedermanns Geschmack ist.

Zum feierlichen Abschied sollte man sich ein Freundschaftsgetränk gönnen. Die *grôle* oder der **pot d'amitié,** wie die Savoyarden das geschnitzte Trinkgefäß aus Rosenholz nennen, wird mit einem mit viel Kirschwasser zubereiteten Kaffeegetränk gefüllt.

All diese Leckereien werden natürlich nicht unbedingt auf den Berghütten gekocht. Dort muss man sich mit Halbpension begnügen, was auf den Tisch kommt, wird gegessen. Doch im Durchschnitt ist das Essen sehr zufriedenstellend.

Das einzige, was in Frankreich mager und einfallslos ausfällt, ist das Frühstück. Mehr Abwechslung nach eigenen Wünschen bieten die Gasthöfe in den Dörfern, die man immer wieder durchwandert.

Feiertage und Feste

Gesetzliche Feiertage in Frankreich

- 1. Januar (Neujahr)
- Ostern (Sonntag/Montag)
- 1. Mai (Tag der Arbeit)
- Christi Himmelfahrt

- Pfingsten (Sonntag/Montag)
- 14. Juli (Nationalfeiertag)
- 15. August (Maria Himmelfahrt)
- 1. November (Allerheiligen)
- 11. November (Waffenstillstand 1918)
- 25. Dezember (Weihnachten)

Gesetzliche Feiertage in Italien

- 1. und 6. Januar
- Ostermontag
- 25. April (Staatsfeiertag)
- 1. Mai
- 15. August ("Ferragosto") Ein Tag den man meiden sollte, da das ganze Aostatal meist mit italienischen Kurzurlaubern ausgebucht ist.
- 1. November
- 8. Dezember
- 25./26. Dezember

Gesetzliche Feiertage in der Schweiz

- 1. Januar
- Karfreitag/Ostermontag
- Himmelfahrt
- Pfingstmontag
- 1. August (Nationalfeiertag)
- 25./26. Dezember

Feste

- Wochenende um den 14. Juli: *Fête de l'Edelweiss* in Bourg-St-Maurice. Ein grenzübergreifendes Folklore-Fest mit Trachtengruppen aus der Tarentaise und dem Aosta-Tal.
- 25. Juli: Bergsteigerfest in Les Houches
- August: Seefest *Embrasement du Lac des Dames* in Samoens
- 8. August: Bergführerfest (*Fête des Guides*) in St-Gervais
- 15. August: Bergführerfest (*Fête des Guides*) in ☞ Chamonix.

Geld

Schweiz

Landeswährung ist der Schweizer Franken: 1 sfr = 100 Rappen. sfr 100 sind etwa € 83, (Stand April 2012).

Dank dem Euro müssen Sie sich nicht mehr mit drei verschiedenen Währungen belasten. Auf der gesamten Montblanc-Umrundung werden Euro akzeptiert, doch fährt man natürlich günstiger, wenn man in der Schweiz mit Franken bezahlt.

Die größeren Hotels und Restaurants akzeptieren meist **Kreditkarten**. An allen Bankautomaten kann mit der EC-Karte Geld abgeholt werden.

BANK gewöhnlich Mo bis Fr 9:00-16.30, in Italien nur vormittags. Manche über Mittag geschlossen.

Information

Allgemein

(D) Atout France, Französische Zentrale für Tourismus, Postfach 10 01 28, 60001 Frankfurt am Main, info.de@franceguide.com, www.franceguide.com

(A) Atout France, Argentinierstr. 41 A, 1040 Wien, 01/503 28 92, info.at@franceguide.com,at, www.franceguide.com

(CH) Atout France in der Schweiz, info.ch@franceguide.com, www.ch-de.franceguide.com

Frankreich

- Office de Tourisme de Chamonix Montblanc, 85 Place du Triangle de l'Amitié, B.P. 25, 74400 Chamonix Montblanc Cédex, 04/50 53 00 24, www.chamonix.com, info@ chamonix.com
- Alpine Information: Maison de la Montagne, Place de l'Eglise, Chamonix, 04/50 53 22 08, ohm-info@ chamonix.com, www.ohm-chamonix.com
- Office de Tourisme d'Argentière, 24 route du Village, 74400 Argentière, 04/50 54 02 14, argentiere.info@chamonix.com, www.chamonix.com

Italien

- APT Monte Bianco, Piazzale Monte Bianco, 11013 Courmayeur, ☏ 01 65/84 20 60, FAX 84 20 72, www.aiat-monte-bianco.com

Schweiz

- Val Ferret: Office du Tourisme, 1944 La Fouly, ☏ 027/783 27 17, lafouly@st-bernard.ch, www. st-bernard.ch
- Champex: Office du Tourisme, 1938 Champex-Lac, ☏ 027/783 12 27, champex@st-bernard.ch, www. st-bernard.ch oder www.champex.info
- Trient/Col de la Forclaz: Office du Tourisme, 1929 Trient, ☏ 07 92/73 15 11, FAX 722 99 05, info@trient.ch, www.trient.ch

Karten

Auch wenn der Montblanc-Rundweg gut markiert ist und die Wegskizzen in diesem Buch zur Orientierung ausreichen, ist die Mitnahme einer ausführlichen Gebietskarte im Hochgebirge immer angebracht. Wie schnell kann bei Nebel eine Markierung übersehen werden, oder man möchte eine kleine Abweichung vom Weg unternehmen.

Das beste Kartenmaterial liefert das Institut Geographique National (IGN). Um die gesamte „Tour du Mont-Blanc“ abzudecken, benötigt man zwei Blätter 1: 25.000: IGN-Karte Nr. 3630 OT Chamonix und Nr. 3531 ET St.-Gervais.

Die beiden IGN-Karten sparen ein kleines Wegstück aus. Abgedeckt wird dieses durch die italienische Karte 107 „Monte Bianco“ 1:25.000, sowie die Kompasskarte 85 „Monte Bianco“ 1:50.000.

Am einfachsten sind die IGN-Karten vor Ort erhältlich. Rund um den Montblanc führt so ziemlich jede Buchhandlung ausführliches Kartenmaterial über die Region.

Im deutschsprachigen Raum erhalten Sie die IGN-Karten in geografischen Buchhandlungen, z.B.:

- Geobuchhandlung Kiel, Schülperbaum 9, 24103 Kiel, ☏ 04 31/910 02, info@geobuchhandlung.de, www.geobuchhandlung.de

Auf der Kompass Wander- und Skitourenkarte Nr. 85 Monte Bianco Montblanc 1:50.000 fehlt ein kleiner Teil der TMB (zwischen Les Contamines und Col de la Seigne sowie zwischen dem Val d'Arpette (CH) und Argentière).

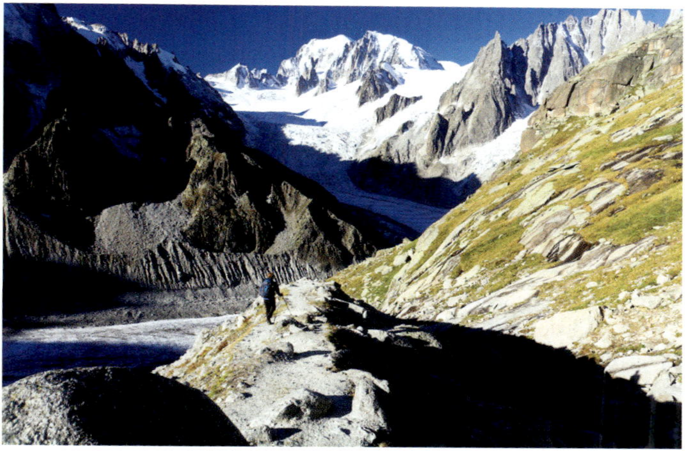

Hüttenweg Refuge du Couvercle, im Hintergrund der Mont Blanc

Markierung und Wegzustand

Teilweise ist die TMB mit dem GR 5, dem Fernwanderweg vom Genfer See bis Nizza, identisch. Die charakteristische GR-Markierung sind rot-weiße Streifen. Die allgemeine Farbmarkierung der TMB ist gelb. An manchen Strecken folgt man gelben Schildern mit den Buchstaben TMB, in steinigem Gelände sind meist gelbe Punkte auf Stein und Felsen gemalt. Die Markierungszeichen folgen in relativ kurzen Abständen.

Die Wege sind an fast allen Stellen sehr gut. Nur an wenigen Stellen ist gute Trittsicherheit erforderlich: über den Col des Fours, über das Fenêtre d'Arpette sowie der Klettersteig bei der Aiguille d'Argentière.

Das Wetter kann den Wegzustand natürlich verschlechtern, d.h. wer zu früh (Mai/Juni) oder zu spät (Sept./Okt.) unterwegs ist, muss an Pässen und Scharten mit Schnee und Eis rechnen. Pickel und Steigeisen können dann durchaus nötig sein. Normalerweise sind für die TMB weder Eisausrüstung noch spezielle alpinistische Kenntnisse erforderlich.

Auskunft über den Zustand der Pässe gibt das Maison de la Montagne in Chamonix (☞ Chamonix, Alpine Information).

Naturschutz

Dass die Alpen als „Spielplatz Europas" enormen Belastungen ausgesetzt sind, und dass jeder einzelne Wanderer eine Mitverantwortung trägt, darüber müsste eigentlich gar nichts mehr gesagt werden. Oder doch? Viele sind beim Wandern doch sehr vergesslich und lassen immer wieder Abfall zurück. Warum? Es gibt keine Müllabfuhr in den Bergen! Jeder (!) sollte dafür sorgen, dass der Müllhaufen dort oben nicht weiter anwächst. Was bereits herumliegt, muss nicht ansteckend wirken. Im Gegenteil! Warum sich nicht zur Gewohnheit machen, außer seinem eigenen Abfall auch zurückgebliebene Hüllen der Konsumwelt wieder hinab ins Tal mitzunehmen? Abfall hat doch kaum Gewicht, und ein zufriedenes Gewissen kann mit so wenig Mühe die Lebensenergie doch enorm steigern. Also nicht vergessen, eine leere Plastiktüte für den Müll mit in den Rucksack zu stecken.

Reserve Naturelle des Aiguilles Rouges

Das Naturschutzgebiet umfasst mit rund 33 km² einen großen Teil des Massivs der Aiguilles Rouges. Landschaft, Flora und Fauna sind unter Naturschutz gestellt worden, um das natürliche Gleichgewicht zu wahren, das durch einen zu großen Strom von Besuchern gefährdet ist. Die relativ wilde Nordseite konnte ihre Einsamkeit bis heute bewahren, aber was ist mit der Südseite? Hier verläuft der gut ausgebaute, beliebteste und aussichtsreichste Höhenweg Grand Balcon Sud, der sich fast 15 km unterhalb der Kette der „Roten Spitzen" entlangzieht. Und an Wochenenden kann es hier belebter zugehen als in den Gassen von Chamonix.

❀ Sehenswert ist das Informationszentrum des Naturschutzgebietes auf dem Montets-Pass. Das **Chalet du Col des Montets** bietet Ausstellungen, Diashows und Führungen.

♦ Ende Mai-Mitte Sept. tgl. 9:30-18:00, sowie die Wochenenden bis Anfang Nov. 10:00-17:00, kostenlos, ☏ 04/50 54 02 24, www.maiguillesrouges.org.

☺ Ein Rundgang auf dem ökologischen Lehrpfad, der am Pass beginnt und an einem kleinen See vorbeiführt, dauert etwa 1 Stunde. Er soll helfen, die Natur besser kennen zu lernen. Pflanzen, Vögel und andere Tiere sind auf Schildern abgebildet und erläutert.

Innerhalb des Parks gelten folgende Verhaltensregeln:

- Auf den Wegen bleiben!
- Haustiere zu Hause lassen!
- Keine Abfälle liegen lassen!
- Blumen und Pflanzen nicht pflücken!
- Offenes Feuer und Wildcampen ist nicht gestattet!
- Nur Fußvolk ist erlaubt, also keine Biker.

Auf dem Montblanc-Rundweg betrifft das die Etappen 10 und 11, d.h. den Teilabschnitt des Grand Balcon Sud vom Col des Montets bis kurz vor Flégère sowie vom Brévent bis zur Refuge Bel Lachat. Unterhalb von Flégère und Brévent, dort wo kein Naturschutzgebiet mehr ist, sehen auch die Hänge dementsprechend verschandelt aus (Lifte, Masten, etc.).

🕮 **Sport und Natur - *bewusster draußen unterwges***, A. Albert, OutdoorHandbuch Basiswissen für draußen, Conrad Stein Verlag, ISBN 978-3-86686-275-3

Notruf & Bergrettung

Meldestellen für den Notfall

Frankreich

♦ Spezialabteilung der französischen Gendarmerie zur Bergrettung (Peloton de Gendarmerie de Haute Montagne/PGHM), Chamonix, ☏ 04/50 53 16 89 oder St-Gervais, ☏ 04/50 78 10 81

Schweiz (✆ von Frankreich 0041)

- ♦ Poste de la police cantonale du Valais ☎ 027/117, Gendarmerie in Orsières, ☎ 027/411 06. Bergrettung im Kanton Wallis, ☎ 144

Italien (✆ von Frankreich 0039)

- ♦ Bergführerbüro Società delle Guide (Soccorso Alpino), Strada Villair 2, 11013 Courmayeur, ☎ 01 65/84 20 64, Poste de Secours de Courmayeur, ☎ 01 65/84 42 35. Allgemeine kostenlose Notrufnummer im Aostatal, ☎ 118.

☺ Jede Hütte mit Wart ist zugleich auch Meldestelle.

Eine Bergrettung kann teuer sein (Hubschraubereinsatz, etc.) und geht zu Lasten ihres Verursachers. Wer sicher gehen will, kann vorher eine Bergrettungsversicherung abschließen. Beim Alpinen Informationsbüro im Maison de la Montagne von Chamonix kann man ohne umständliche Formalitäten eine solche Versicherung ("S.O.S Montagne") abschließen. Versicherungsverträge werden für eine oder mehrere Wochen bis hin zu einem Jahr angeboten. Sollten Sie ein Mitglied des Alpenvereins sein, sind Sie automatisch versichert.

Organisierte Wandertouren

Die Auswahl ist groß: Viele Veranstalter haben die Tour du Mont-Blanc in ihrem Programm. Doch einen möchte ich ganz besonders empfehlen, weil das Gepäck von zwei charmanten Mulis getragen wird und nur ein leichter Tagesrucksack die Schultern des Wanderers beschwert. Weil die Tourenführer nicht nur Bescheid über die Gegend wissen, sondern auch über einen unschlagbaren Optimismus verfügen, der besonders bei schlechtem Wetter Wunder wirkt. Und nicht zuletzt weil es riesigen Spaß macht, mit Tieren unterwegs zu sein.

Cairn, das „bureau des guides“, startet jede Woche am Sonntag von Juni bis September zur TMB. Rückkehr zum Ausgangspunkt ist Samstag.

- ♦ Cairn, Le Sanjhon, 74300 Les Carroz, ☎ 00 33/4/50 34 48 03, 💻 www.cairn-fr.com

Post und Telekommunikation

- **Postämter** meist 9:00-12:00 + 15:00-18:00, Sa bis 12:00.
- **Briefmarken** (franz. *timbre*, ital. *francobolli*) kann man nicht nur bei der Post erstehen, sondern auch in vielen Tabakläden oder Souvenirshops, die Postkarten verkaufen. Da die Post in Italien nicht gerade den besten Ruf genießt, empfiehlt es sich, Sendungen in Frankreich oder der Schweiz aufzugeben. Tarif (Europa) in Frankreich für Brief und Postkarte € 0,77, in der Schweiz CHF 1,30. (Ausland, B-Post), Rp 85. (Inland, B-Post).
- Für viele **Telefonzellen** benötigt man eine Telefonkarte (*télécarte*), in Postämtern, France-Télécom-Agenturen und Tabakläden erhältlich. Seit Oktober 1996 sind in Frankreich alle Telefonnummern 10-stellig. Manche Prospekte oder Infobroschüren haben dies noch nicht berücksichtigt. Wählen Sie deshalb vor der alten achtstelligen Nummer jeweils 04.

- **Vorwahl:**
  Von Deutschland, Österreich, Schweiz nach Frankreich:
  ☏ 0033
  Von Frankreich nach Deutschland: ☏ 0049
  Von Frankreich nach Österreich: ☏ 0043
  Von Frankreich in die Schweiz: ☏ 0041
  Von Frankreich nach Italien: ☏ 0039
  Nach der Vorwahl die Null der gewünschten Rufnummer weglassen, außer bei Italien

Reisezeit

Unter normalen Wetterbedingungen kann die TMB von Ende Juni bis Ende September begangen werden. Im Juni und September kann jedoch durchaus Schnee die Wanderpläne durchkreuzen.

Ein anderes Problem in den Randzeiten sind die Übernachtungsmöglichkeiten. So gut wie alle Hütten sind nur von Juli bis Anfang September geöffnet. Das gleiche gilt für die Betriebszeiten der meisten

Seilbahnen, gleichzeitig verschlechtert sich auch die Unterstützung durch die öffentlichen Verkehrsmittel.

Zwischen dem 15. Juli und 15. August haben die Franzosen Ferien. Da sie Wandervögel sind und die TMB zu den beliebtesten Routen zählt, findet in dieser Zeit auch der größte Ansturm statt. Dann platzen die Hütten aus allen Nähten und die Reservierung muss lange im Voraus geschehen.

Ab Mitte August ändert sich alles schlagartig. Anstatt auf Horden trifft man nun auf einzelne internationale Wanderer. Als beste Reisezeit empfiehlt sich daher die zweite Augusthälfte bis Anfang September.

Wer in den Randzeiten unterwegs ist, sollte vorher die jeweiligen Öffnungszeiten erfragen, bzw. für den Notfall Biwaksack mitnehmen.

Unterkunft

Eine Liste aller Unterkünfte entlang der TMB ist im Maison de la Montagne in Chamonix (☞ Information) erhältlich. Einige Unterkünfte bieten keine Halbpension an. Bei sämtlichen Berghütten und -hotels empfiehlt sich eine vorherige Anmeldung und die Erfragung des Preises.

Das Preis-Leistungsverhältnis ist mitunter utopisch, beispielsweise verlangt das Refuge Chalet du Lac Blanc für eine Übernachtung im Massenlager € 48. Hier bezahlt man eben die wirklich einzigartige Lage mit. Moderate Preise finden sich nur bei den Hütten des CAF (Club Alpin Francais).

Der Durchschnittspreis liegt in der Regel bei Halbpension zwischen € 33 und 40, zwischen € 12 und 20 für die reine Übernachtung.

Berghütten (Refuges/Rifugio)

Die **Refuges** (franz.) und **Rifugio** (ital.) stehen meist in Halbtagesetappen voneinander entfernt längs der TMB. Fast alle Hütten sind nur von Juli bis Anfang September geöffnet. Die genauen Öffnungs- bzw. Schließungstage hängen vom Wetter ab. Bei einigen dieser Unterkünfte muss die Dusche separat gezahlt werden (€ 2 bis 4). Das Tragen der

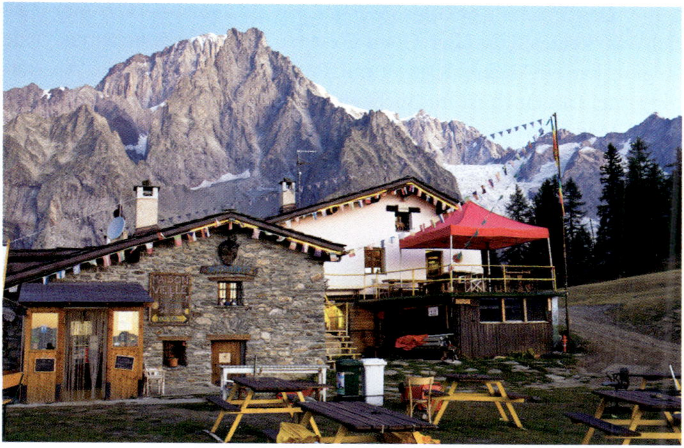

Rifugio Maison Vieille,
im Hintergrund Mont Blanc und Aiguille Noire de Peuterey

Wanderschuhe in den Räumlichkeiten ist untersagt, Hüttenschuhe werden selten gestellt, deshalb empfiehlt es sich, eigene mitzunehmen (Turnschuhe werden auch akzeptiert). Auch ist nicht immer Klopapier vorhanden, am besten steckt man sich eine Rolle in den Rucksack. Ein eigener Hüttenschlafsack ist obligatorisch.

Gîtes d'étapes

Die **Gîtes d'étapes** (Etappenunterkünfte) befinden sich in den Dörfern längs der Wanderwege und sind wie die Refuges auf Wanderer, aber auch auf Radfahrer und Reiter ausgerichtet. Viele sind das ganze Jahr über geöffnet, andere nur während der Saison. Sollte kein Restaurant angegliedert sein, kann man auf Bestellung meist Frühstück und warme Mahlzeiten serviert bekommen.

In der Regel sind die Unterkünfte mit Mehrbettzimmern, Gemeinschaftsraum, Münzküche, WC, warmen Duschen und Stromanschluss ausgestattet. Je nach Standard liegen die Preise zwischen € 12 und 20 pro Nacht, mit HP zwischen € 30 und 45.

Das *Maison des Gîtes de France et du Tourisme Vert* gibt jährlich ein Verzeichnis aller Gîtes d'étapes in Frankreich heraus. Jede Region hat ein dickes Kapitel mit Preisen, Öffnungszeiten, Ausstattung, etc. Das Buch ist im Buchhandel erhältlich.

♦ Maison des Gîtes de France et du Tourisme Vert, 59 rue Saint Lazare, 75439 Paris, ☏ 01/49 70 75 75, FAX 42 81 28 53, info@gites-de-france.fr, www.gites-de-france.com

Camping

Bei Campingplätzen rund um Chamonix empfiehlt sich während der Hauptsaison eine Reservierung. Neben einigen Berghütten ist das Biwakieren erlaubt. In der Unterkunftsliste des Office de la Haute Montagne sind diese mit einem B („bivonac") gekennzeichnet.

Hotels

Wo die TMB auf Dörfer stößt, findet sich eine Auswahl an Hotels unterschiedlichen Standards (☞ Tipps bei den jeweiligen Etappen).

Updates

Der Conrad Stein Verlag veröffentlicht Updates zu diesem Buch, die direkt von der Autorin oder von Lesern dieses Buches stammen.

Bitte schauen Sie vor Ihrer Abreise auf die Verlags-Homepage www.conrad-stein-verlag.de. Der links abgebildete QR-Code führt Sie direkt zu der richtigen Seite.

Trinkwasser

Gerade im Hochsommer kann die Sonne im schattenlosen Gelände stark brennen. Immer gilt: viel trinken! Grundregel ist außerdem, seinen Wasservorrat vor Beginn der Tour in der Unterkunft aufzufüllen (gut 2 Liter).

Unterwegs gibt es immer wieder die Möglichkeit, seine Flasche(n) nachzufüllen, ob in gefassten Quellen, Brunnen oder kleinen Wasserläufen. Es empfiehlt sich, stehende Gewässer zu meiden. Bei Bächen ist darauf zu achten, dass sie nicht von Tieren benutzt werden.

Verpflegung

Einkaufsmöglichkeiten sind relativ knapp gesät. In vielen Hütten gibt es die Möglichkeit, Lunchpakete zu bestellen oder Käse und Brot einzukaufen.

Chamonix

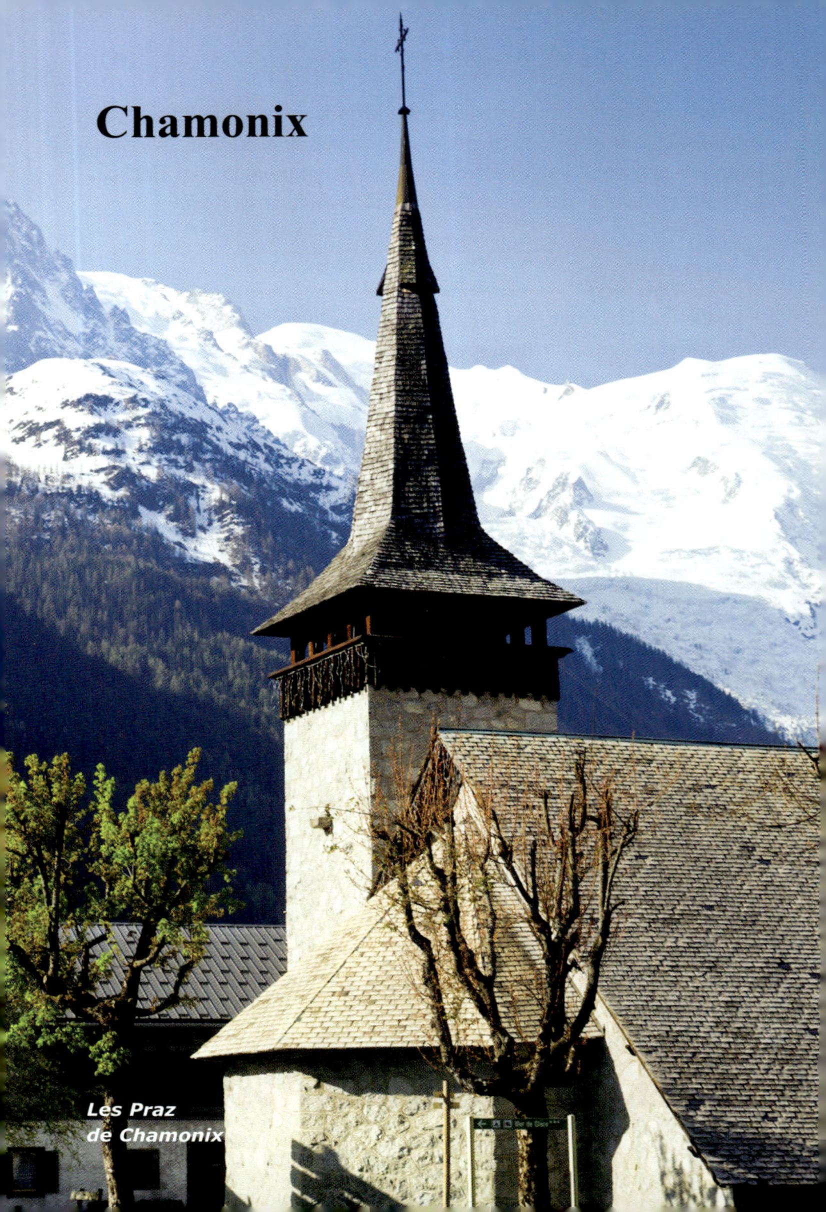

Les Praz de Chamonix

Office de Tourisme de Chamonix Montblanc, 85 place du Triangle de l'Amitié, ☏ 04/50 53 00 24, info@chamonix.com, www.chamonix.com

Stadtbahnhof (St-Gervais/Vallorcine Linie), ☏ 08/92 35 35 35

Abfahrt vor dem Bahnhof, Verbindungen nach Annecy, Genf, Grenoble, Courmayeur, Aoste, Turin und den Hauptstationen im Pays du Montblanc, SAT Chamonix Gare ☏ 04/50 53 01 15 (nur während der Hauptsaison), www.sat-montblanc.com. Chamonix Bus, ☏ 04/50 53 05 55, www.chamonix-bus.com

☺ Mit einer Gästekarte (die man bei einer Übernachtung in einem Hotel erhält, oft muss man aber extra nachfragen) kann kostenlos der Zug zwischen Les Houches und Vallorcine benutzt werden.

In und um Chamonix findet sich eine riesige Auswahl an Hotels unterschiedlichster Preisklassen und Komfort. Reservationszentrale ☏ 04/50 53 23 33, FAX 50 53 75 50, reservation@chamonix.com

♦ Sehr zentral gelegen: Hotel Le Clocher, Impasse de l'Androsace (Parallelstraße zum Maison de la Montagne), ☏ 04/50 53 30 27, www.hotelclocher.com. Nah am Bahnhof und doch ruhig und grün gelegen:

♦ Hotel Hermitage, Chemin du Cé, ☏ 04/50 53 13 87, www.hermitage-paccard.com

La Mer de Glace ☏ 04/50 53 44 03, www.chamonix-camping.com, Deux Glaciers ☏ 04/50 53 15 84, www.les2glaciers.com u.a.

Hallenbad (50 m Außenbecken, 25 m Indoorpool), Sauna/Hammam, Centre Sportiv Richard Bozon, ☏ 04/50 53 23 70, tgl. Mo-Fr 12:00-19:30, Sa/So 14:00-19:30 (ab 1. September nur nachmittags), Eintritt Erwachsene € 4,40 bis 5,50, inkl. Sauna und Hammam € 12,25 (mit Gästekarte 20 % ermäßigt)

☏ 04/50 53 84 00

Panoramaflüge per Helikopter (10 Min. ab € 75 p.P.), ☏ 04/50 54 13 82, www.chamonix-helico.fr

Kinoprogramme ☏ 04/50 53 03 39. Place Balmat, Eintritt € 8,50, www.cinemavox-chamonix.com

♦ Beliebte Pubs in Chamonix-Süd: „le Jekyll", „l'Arbate" (Live-Musik, junges Publikum) und das MBC (Micro Brasserie de Chamonix), Empfehlung von Harald Völker und Daniel Tijink.

Wildpark „Parc Animalier de Merlet" bei Les Houches mit Gämsen, Damhirschen, Mufflons, Murmeltieren, Steinböcken und sogar Lamas. Schöner Blick vom Restaurant und der Kapelle (1.534 m). Anfahrt vom Bahnhof Les Houches 3 km in Richtung Coupeau, dann rechts in einer Kurve in eine Waldstraße einbiegen. Mai-September 10:00-18:00, Juli/August 9:30-20:00, Eintritt € 6, ☏ 04/50 53 47 89, www.parcdemerlet.com.

Alpine Information

Maison de la Montagne, Place de l'Eglise, 15.Juni-15.September, Mo-Sa 9:00-12:00 + 15:00-18:00, ☏ 04/50 53 22 08, www.ohm-chamonix.com

- Compagnie des Guides, im gleichen Haus, tgl. 9:00-12:00 + 15:00-18:00, ☏ 04/50 53 00 88, www.chamonix-guides.com
- Association Internationale des Guides du Montblanc, 85 rue des Moulins, tgl. 10:00-12:30 + 16:00-19:00, ☏ 04/50 53 27 05, www.guides-du-montblanc.com
- Alpenverein (Club Alpin Francais), 136, avenue Michel Croz, Di-Sa 16:00-18:30, ☏ 04/50 53 16 03, wwwclubalpin-chamonix.com

Am Maison de la Montagne sowie beim Office du Tourisme hängen die Wetterprognosen 3x tgl. neu aus.

„Welthauptstadt für Ski und Alpinismus" nennt sich Chamonix stolz. Durchaus zu Recht, wenn man die privilegierte Lage, die Alpingeschichte, die ungeheure Infrastruktur an Seilbahnen, die öffentlichen Verkehrsmittel, die Vielzahl an Trekkingmöglichkeiten, an Bergführern, den perfekten Bergrettungs-Service, etc. betrachtet.

Und doch, glücklicherweise ist Chamonix ein Dorf geblieben. Ein Dorf mit Stadtcharakter, vorausgesetzt man kommt in der Hauptsaison. Dann tummelt sich internationales Volk auf den Straßen, flaniert durch die Souvenirshops, verstopft Bars und Discos, schlemmt sich durch von der rustikalen Dorfkneipe bis zum Gourmettempel, von der Crêperie bis zur Sushi-Bar.

Sich in ein Straßencafé zu setzen und Menschen zu beobachten, ist in Chamonix alles andere als langweilig. Es gibt wenige Orte, wo sich „haute chic" und legere Freizeitkluft so zwanglos mischt. Neben Herren im Maßanzug und gepflegten Damen im Nerzcape oder Minirock bewegen sich Naturfreaks in rustikaler Montur, Hausfrauen mit Halbschuhen und Tagesrucksack oder Bergsteiger mit bunten Rucksäcken, an denen klirrende Karabiner, Steigeisen und Eispickel baumeln. Und alle verdrehen sie sich den Hals nach dem berühmten Bergpanorama, dass sich so unmittelbar über den Dächern der Stadt erhebt und bei einem Bummel allgegenwärtig ist.

Außerhalb der Saison ist „tote Hose", absolute Provinz, die Straßen leer, viele Geschäfte und Hotels geschlossen.

Nach architektonischen Maßstäben kann man Chamonix nicht gerade als schön bezeichnen: zu viele klotzige Gebäudesünden, zu viele Touristenfallen und zu viele Autos, die die Straßen verstopfen. Dennoch gibt es in den engen Gassen noch genügend alte Bausubstanz zu entdecken: verschnörkelte Hotelfassaden, solide Chalets mit der Patina von Generationen, umgebaute Heuschober etc.

Stadtbummel

Ein Bummel durch die Stadt gestaltet sich bei Wandergästen immer sehr ähnlich. Ob vom Hotel oder vom nahen Bahnhof, der Weg führt zum lebensgroßen Bronzedenkmal der Erstbesteiger auf der **Pont de Cour**, wo der Kristallforscher **Jacques Balmat** mit ausgestrecktem Finger dem Genfer Forscher **Horace-Bénédicte de Saussure** neben sich den Weg zum Gipfel zeigt. In der Tat türmt sich hier das Montblanc-Massiv ganz phantastisch über den Dächern von Chamonix auf.

Vom Denkmal ist es ein Katzensprung zum **Maison de la Montagne**, dem Bergführerbüro bei der Kirche. Die ehemalige „Priorei" beherbergt heute die meisten Dienststellen, die sich mit Alpentourismus befassen. Hier hängt im Schaukasten dreimal täglich aktuell und detailliert der Wetterbericht aus. Wer dort das Glück hat und „Grand beau temps" (eine anhaltende Hochdruck-Wetterlage) liest, kann sich auf eine gelungene Tour de Montblanc freuen.

⌘ Das **Musée Alpin** erzählt von den Höhepunkten aus der Geschichte des Tals, von der Eroberung des Montblancs, seiner wissenschaftlichen Erforschung und den Anfängen des Skisports in der

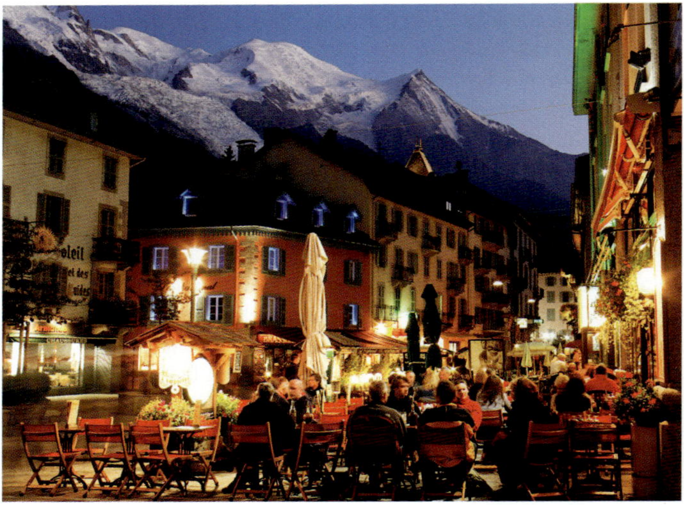

Nachtleben in Chamonix

Region. Im Eintritt enthalten ist auch der Besuch des „Espace Tairraz", in der regelmäßig Sonderausstellungen rund um die Welt der Berge gezeigt werden.

Zusätzlich finden Sie in dem Museum die üblichen Sammlungen von Gegenständen, die mit dem Alpinismus und dem Alltagsleben der Bergbauern im 19. Jahrhundert zu tun haben. Sehenswert ist außerdem eine Kollektion höchst imposanter Bergkristalle.

♦ **Musée Alpin,** La Résidence (Fußgängerzone), tgl. 14:00-19:00, Eintritt € 4,40 (mit Gästekarte) bis € 5,70, ☏ 04/50 53 25 93

✝ Ein Brand, der 1522 das Dörfchen Chamonix zerstörte, hat nur den Glockenturm der **Kirche** halbwegs unversehrt gelassen. Dieser überstand 1758 erneut einen Brand, erst in der Französischen Revolution schlug man ihm die Spitze ab. Mit Fronarbeiten und Spenden wurde 1807 der Wiederaufbau mit elegantem Zwiebelturm beendet.

Altes Savoyer Handwerk

Durch den technischen Fortschritt sind nur noch wenige alte Handwerksberufe erhalten. Einen der letzten Vertreter einer Tradition, die untrennbar mit dem Hirtenleben verbunden ist, findet man mitten in Chamonix. In der Familie Devouassoud werden seit 1829 Kuhglocken hergestellt. Jede Stahlglocke hat ihr eigenes Timbre, und die Hirten verbringen manchmal Stunden in der Werkstatt, um diejenige zu finden, die ihrer Herde den richtigen Klang geben wird. Für einen Nachfolger scheint glücklicherweise auch schon gesorgt zu sein. Und so werden weiterhin die Almen nicht stumm bleiben, und der melodiöse Klang unzähliger Glocken weiterhin die Bergtäler erfüllen.

Geschichte

Das Tal von Chamonix erstreckt sich etwa 23 km vom Vozapass bis zum Balmepass. Wie ein tiefes U geschnitten, trennt es die Gebirgskette der Aiguilles Rouges (die Roten Nadeln) vom Montblanc-Massiv. Zur Quartärzeit wurde dieser Riesentrog von einem gewaltigen Gletscher ausgehöhlt. Wo heute Chamonix liegt, gab es vor ungefähr 10.000 Jahren eine Eisdecke von mindestens tausend Metern Dicke.

Auf einem Pergament aus dem Jahr 1.091 taucht zum ersten Mal der Name Chamonix auf. In diesem Schreiben übergibt Aimon, der Graf von Genf, den Landstrich an das Kloster Saint-Michel-de-la-Cluse. Die Mönche lassen sich nieder, und so beginnt die Geschichte des Priorats von Chamonix, das 1520 an die Stiftskirche von Sallanche angeschlossen wird und 695 Jahre überdauert.

Ein alter Gebirgsriegel macht das Tal lange Zeit unzugänglich. 1860 gelang Napoléon III. die beschwerliche Reise. Er wollte die neue Provinz Savoyen, die kürzlich an Frankreich angeschlossen wurde, erkunden. Er versprach eine neue Straße, die sieben Jahre später tatsächlich fertig gestellt wurde. Große Postkutschen konnten nun die Reise bewältigen und brachten die ersten, dann immer mehr und mehr Touristen.

Doch den eigentlichen Aufstieg zur Berühmtheit verdankt Chamonix der Abenteuerlust einiger unerschrockener Männer. Die ersten kamen 1741 in Gestalt zweier Engländer, Windham und Pocock. Sie organisierten die erste Expedition auf den Montenvers-Gletscher. Kurz danach ist es das Gesprächsthema in den Genfer Salons.

Einige Jahre später, 1760, meint der Genfer Naturforscher Horace Bénédict de Saussure eine wissenschaftliche Bedeutung in der Besteigung des Montblanc-Gipfels zu sehen und verspricht dem Erstbesteiger eine hohe Belohnung. Alle unternommenen Expeditionen scheitern. Warum? Laut Aberglauben kann niemand die Nacht im Hochgebirge lebendig überstehen.

Im Jahr 1786 wagen wieder zwei Karawanen den Aufstieg, doch das schlechte Wetter zwingt sie zur Umkehr. Bis auf einen. Der stählerne Wille des Kristallschleifers Jacques Balmat lässt ihn die Nacht auf dem Gletscher überdauern und den Aberglauben brechen. Nach eingehender Erkundung des Geländes am folgenden Tage kehrt er zurück. Er gewinnt Dr. Piccard (in Chamonix geboren) für eine nächste Expedition. Beide verbringen die Nacht auf dem Gipfel des Coteberges und erreichen am 8. August 1786 um 18:23 Uhr gemeinsam den Gipfel. Mit angehaltenem Atem hat ganz Chamonix diese Erstbesteigung durchs Fernrohr verfolgt.

Sofort danach möchte auch Saussure es schaffen, doch das schlechte Wetter hält ihn zurück. Erst im August des folgenden Jahres kann er seine Expedition verwirklichen. Am 1. August startet er mit einer Mannschaft, u.a. mit Jacques Balmat. Nicht nur die wissenschaftliche Ausrüstung wurde mitgeschleppt, Herr Saussure liebte die Bequemlichkeit, in seiner persönlichen Habe befanden sich sogar Pantoffeln. Nach drei Tagen erreicht die Expedition ihr Ziel. Es ist die erste wissenschaftliche Besteigung, die allen anderen zum Vorbild wird. Mit seinen zahlreichen, selbst entwickelten Messapparaten hat er die Gesetze, denen die Gletscher gehorchen, analysiert und niedergeschrieben. Sie gelten noch heute als wertvolle Zeugnisse.

Die erste Montblanc-Besteigung einer Frau fand 1808 statt. Doch Marie Paradies wurde eher hinaufgetragen, während Henriette d'Angeville 1838 den Gipfel mit ihren eigenen Füßen bestieg. Ihr Buch trägt das Motto: „vouloir c'est pouvoir"- Wollen ist Können!

Mit der Erstbesteigung begann der Alpinismus. Die Kunde davon ging um die ganze Welt und die Angst vor den Bergen war geschwunden. Der europäische Adel und die Geldaristokratie interessierten sich ganz plötzlich für die Berge. Chamonix wurde zum Geburtsort des „haute chic". Vor allem reiche Engländer brachen in die Alpentäler auf, getrieben vom Ehrgeiz, als erste auf den hohen Gipfeln zu stehen.

Die damals so außergewöhnlichen Aufstiege auf den Montblanc zählen inzwischen zu den Klassikern. Längst sind es nicht mehr nur die Reichen, ganze Heerscharen wandern hinauf und treten sich besonders in den Hütten auf die Füße. Im Allgemeinen werden zwei Tage zur Gipfelbesteigung vorgesehen. Voraussetzung sind Bergsteigererfahrung und -ausrüstung sowie Bergführer.

Und die Geschichte setzt sich fort mit Erstbesteigungen aller umliegenden Gipfel. Chamonix entwickelt sich mehr und mehr zur Bergsteigermetropole. Seit in Chamonix 1924 die erste Winterolympiade ausgetragen wurde, hat sich das Städtchen zu einem der bestausgerüsteten Ski- und Trekkingorte der Alpen entwickelt. Mit dem Bau des **Montblanc-Tunnels** wurde dann auch die Verkehrslage optimiert. Der Tunnel verbindet Chamonix direkt mit dem Aosta-Tal, und die Stadt profitiert seither auch von der Vielzahl italienischer Gäste.

Mögen sich die alpinistischen Leistungszentren heute auch etwas verlagert haben, nie hat Chamonix seine magische Anziehungskraft verloren. Statt der knapp 4.000 Einwohner von 1930 leben heute etwa 10.000 Menschen dort, natürlich größtenteils vom Fremdenverkehr. Über eine halbe Million Gästebetten stehen in der Region bereit. Im August strömen täglich bis zu 80.000 Touristen ins Tal. Die meisten sind „Wiederholungstäter". Selbst für die eifrigsten Fans sind die Traumtouren und Ziele der Umgebung unerschöpflich.

Die „Compagnie des Guides“ und das Bergsteigerfest

Die weltbekannte Bergführervereinigung von Chamonix wurde 1821 gegründet. Eine Schneelawine begrub 1820 drei Führer aus Chamonix unter sich. Dieses Unglück war Anlass zur Gründung der Vereinigung und eines Fonds, der die Hinterbliebenen vor der ärgsten wirtschaftlichen Not bewahren sollte (sämtliche Einnahmen des Bergsteigerfestes fließen in diesen Fond).

Längst haben die Bergführer ihr Tätigkeitsfeld ausgeweitet, leiten Trekkingtouren und Expeditionen in den Anden oder im Himalaya und waren bei vielen Erstbesteigungen dabei. Doch als eigenständige Unternehmer können die Führer längst nicht alle vom Bergsteigen leben, denn der Beruf ist ausgesprochen wetter- und saisonabhängig. Viele haben deshalb noch eine zweite Beschäftigung, als Hotelier, Handwerker oder Skilehrer.

Am 15. August jeden Jahres steigt keiner von ihnen auf einen Gipfel. An diesem Tag gedenken die Mitglieder der Compagnie des guides de Chamonix ihrer toten Kameraden. Unter Kirchengeläut marschieren sie am frühen Morgen durch das Dorf zum Friedhof. Auf zwei Tafeln sind seit 1820 alle Verunglückten aufgeführt. Gleich beim Eingang ist das Grab Edward Whympers, der den Impuls zu vielen Erstbesteigungen in den Alpen gab. Meist begleitete ihn Michel Croz, einer der legendärsten Figuren der Vereinigung. So auch bei der Erstbesteigung des Matterhorns 1865. „Balmat Georges, Balmat Jean-Paul, Balmat Lucien ...“.

219 Namen werden an diesem besonderen Morgen vor der Kirche aufgerufen. Das berühmte Bergsteigerfest, die „Fête des Guides“, setzt sich nach dem Gang zum Friedhof mit diesem Appell fort. Einer nach dem anderen steigen die Aufgerufenen die Stufen der Kirchentreppe hinauf. Und alle sind sie gleich gekleidet: der dunkelblaue Kittel, an dem die begehrte Medaille steckt, weißes Hemd mit Krawatte, beige Knickerbocker, weiße Socken mit traditionellem schwarzem Muster. Am Nachmittag zeigen sie sich dann völlig verwandelt im modernen Alpinistendress. Bei den Gaillandsfelsen 2 km außerhalb Chamonix' bieten sie eine perfekte Demonstration ihres Könnens: Freeclimbing am Felsen, klettern einen Wasserfall hinunter ... vor tausenden Schau-

lustigen, die sich am Fuß der steil aufragenden Felsen niedergelassen haben. Den Abschluss der Vorführungen bildet die Rettung eines Verletzten per Helikopter aus der Felswand.

Denkmal der Erstbesteiger des Mont Blanc, Balmat und Saussure

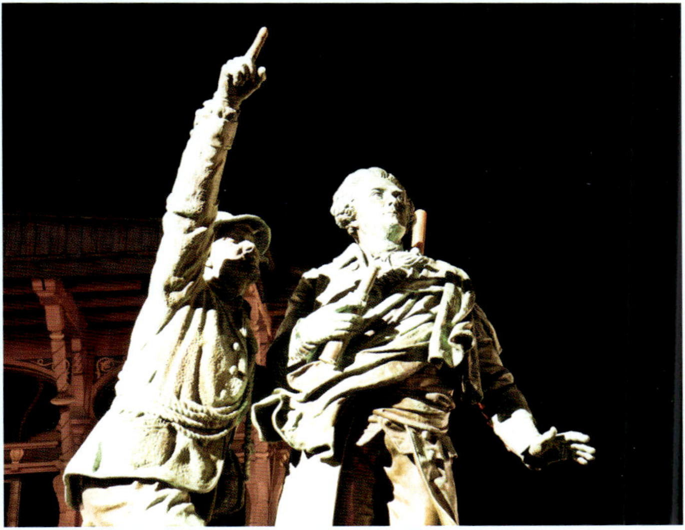

Der Montblanc-Tunnel

Im Dezember 1958 wurde mit der Tunnelbohrung auf italienischer Seite begonnen, sechs Monate später auch auf der französischen Seite. Man kam etwa 8 m pro Tag voran. Mehr als 3 Mio. Tonnen Gestein wurden zu Tage gefördert.

Im August 1962 trafen die beiden Hälften zusammen. Drei Jahre später fuhren die ersten Autos durch die bis 1978 längste unterirdische Straße der Welt: eine 11,6 km lange Tunnelröhre, die sich 1.300 m unter dem Eis des Géant-Gletschers erstreckt. (PKW einfache Fahrt € 36,80, hin und zurück € 45,90).

Heute sieht die damalige Euphorie anders aus. Das Unglück, der Brand im März '99, hat 44 Menschenleben gekostet. Seit 25. Juni 2002 ist der Tunnel wieder für alle Fahrzeuge geöffnet.

Per Seilbahn erreichbare Aussichtspunkte um Chamonix

Aiguille du Midi (1.030 m · ↑ 3.842 m)
Sicherlich die spektakulärste Seilbahnfahrt in den französischen Alpen. Bis zur Zwischenstation **Plan de l'Aiguille** wird in 8 Min. ein Höhenunterschied von etwa 1.300 m bewältigt. Rechts der Blick auf das Massiv und den Gipfel des Montblanc, links auf die **Aiguille Verte**, die **Drus** und die **Aiguilles de Chamonix**.

Die Zwischenstation ist ein beliebter Abflugplatz unzähliger Gleitschirmflieger, aber auch ein guter Ausgangspunkt für leichte Wanderungen in die Umgebung.

Von Plan de l'Aiguille (2.317 m) geht es in weiteren 8 Min. auf 3.842 m. Sie „überfliegen" die Schründe des Pélerinsgletschers. Die zwei Gipfeltürme aus braunem Granit sind von Tunnels durchlöchert und mit bizarrer Stahlkonstruktion geknebelt.

Die Bergstation der Seilbahn auf dem Nordpfeiler (*Piton Nord*) trennt eine tiefe Schlucht, über die eine Brücke führt (beeindruckender Blick auf den **Glacier des Bossons**), vom eigentlichen Gipfel, dem Piton Central. Ein Fahrstuhl saust zur Gipfelterrasse.

Oft kann man in dem Gletscher- und Gipfelmeer alpine Seilschaften beobachten. Gewagte Gleitschirmflieger starten etwas unterhalb der Bergstation, um dann möglichst direkt in Chamonix zu landen.

Spektakulär ist die Weiterfahrt mit der **Helbronner Gondelbahn**. Rund 5 km schweben Sie über das Gletscherbecken des **Glacier du Géant**, eine gewaltige Landschaft (*Vallée Blanche*) aus Gletscherspalten und Eisnadeln.

♦ ⇔ mind. 3 Std. Preise: Chamonix-Aiguille du Midi ⇔ € 42,50, Chamonix-Aiguille du Midi-Pointe Helbronner ⇔ € 66,50,
www.compagniedumontblanc.fr

Zahnradbahn zum **Montenvers** und **Eismeer** (*Mer de Glace*)
Die Zahnradbahn (*Chemin de Fer de Montenvers,* nahe Hauptbahnhof) überbrückt auf einer 5 km langen Strecke einen Höhenunterschied von 870 m.

Von einer Schweizer Dampflokomotive (wird heute auf der Bahnhofsplattform ausgestellt) gezogen, setzte sie sich 1908 das erste Mal in Bewegung. Damals wurde die Steigung von 20 % mit 6 km/h zurückgelegt. Seit die Strecke modernisiert wurde, beträgt die Spitzengeschwindigkeit der Bahn immerhin 20 km/h. Fahrt ⇔ € 25

Mit einer Oberfläche von 30 km^2 ist das **Eismeer** nach dem Aletschgletscher der zweitgrößte Gletscher der Alpen und der größte Frankreichs (40 km^2, 14 km lang, 200-400 m tief). Der Blick auf die Eismassen ist beeindruckend. Einen Blick ins Innere kann jeder werfen, der sich mit einer Gondel zur **Eisgrotte** hinunterbefördern lässt. Der Standort der Grotte wird entsprechend der Gletscherbewegung festgelegt und jedes Jahr wieder neu ins Eis gegraben.

Oberhalb des Bahnhofs schlängelt sich ein Serpentinenweg zum Aussichtspunkt **Signal de Forbes** (2.198 m) hinauf.

Montenvers-Hotel

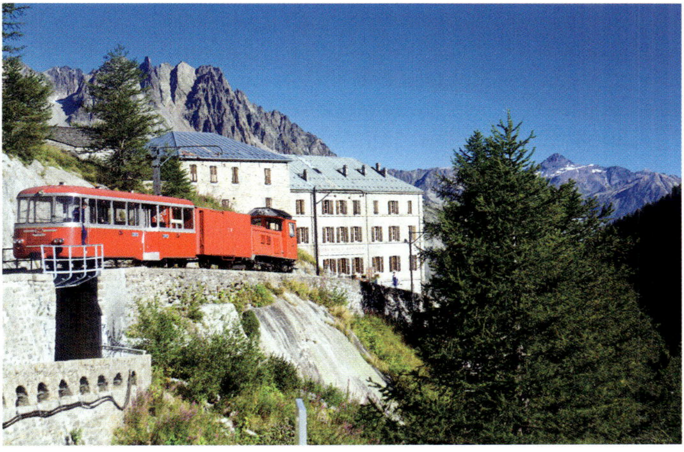

Das **Montenvers-Hotel** (Reservation & Info ☏ 04/50 53 87 70, 1.Juli bis 31.Aug.) ist ein beliebter Ausgangspunkt für zahlreiche Gebirgs- und Gletscherwanderungen in die Umgebung. Der Naturtempel, die älteste Schutzhütte in den Alpen (um 1776 errichtet), steht heute unter Denkmalschutz und dient im Sommer als Zweigstelle des Alpin-Museums von Chamonix.

Anstelle einer Rückfahrt empfiehlt sich ein Abstieg über den historischen Maultierpfad, auf dem schon so berühmte Persönlichkeiten wie die Kaiserin Josephine, Napoleon III., Goethe und Victor Hugo gewandelt sind.

Les Bossons - Chalet du Glacier (1.020 m · ↑ 1.410 m)
Beim Anblick des mächtigen 7 km langen Bossonsgletschers aus dieser Nähe hält man unwillkürlich den Atem an. Die Firnblöcke bilden hier eindrückliche Eispyramiden, die in glitzernden blau-weiß-Tönen schillern. In der Hauptsaison werden sie außerdem an bestimmten Tagen nachts beleuchtet und erstrahlen im Licht.

Empfehlenswert ist eine Wanderung zum **Chalet des Pyramides** (1.895 m, ca. 2 Std.) oder weiter auf „historischem“ Weg zu **Balmats Lager** (2.538 m) und der **Jonction** (2.589 m). An dieser „Vereinigung“ trennt der **Montagne de la Côte** die bizarren Eisstrudel des **Bossonsgletschers** vom **Tocannazgletscher**.

Fahrt ⇔ € 11, ☏ 04/50 53 12 39

Le Brévent (1.095 m · ↑ 2.525 m)
Einer der besten Aussichtspunkte auf den Montblanc und den Bossonsgletscher bietet der Brévent.

Nach seiner Brévent-Besteigung schrieb Saussure: „Ich war noch nicht an ein so großartiges Schauspiel gewöhnt ... diese Sicht hat in meinem Gedächtnis einen unvergänglichen Eindruck hinterlassen...“ Schon die Zwischenstation Planpraz bietet einen wunderbaren Ausblick.

Fahrt ⇔ € 25, ☏ 04/50 53 13 18

La Flégère (1.060 m · ↑ 1.894 m)
wird per Seilbahn von Les Praz (der Weiler ist 2 km von Chamonix entfernt) erreicht. Hier haben Sie einen der besten Blicke auf das Eismeer. Wer sich die Mühe macht, kann 14 Gletscher zählen.

Fahrt ⇔ € 13,50

Ein Abstecher zum **Lac Blanc** (1 Std. 30 Min.) ist absolut lohnenswert und deshalb natürlich auch sehr beliebt. Flégère ist nur die Zwischenstation, Endstation ist **L'Index** (2.385 m). Von dort führt ein Wanderweg in etwa 1 Std. zum See.

Fahrt ⇔ € 23, ☏ 04/50 53 18 58.

Man kann sich die Fahrt aber auch sparen, da der Wanderweg von La Flégère zum Lac Blanc zwar etwas mehr Höhenmeter aufweist, aber kürzer und schöner ist.

Lognan (Talstation bei Les Chosalets) - **Grands-Montets** (↑ 3.260 m)

Fahrt ⇔ € 13,50. Ein gemütlicher Ausflug

Le Tour (4 km von Argentière) - **Charamillon-Balme** (↑ 2.191 m). 15 Min. Aufstieg zum Balme-Pass (Franz.-Schweiz. Grenze).

Fahrt ⇔ € 23

Les Houches - **Bellevue** (↑ 1.812 m). Schöner Blick auf die Bionnassayspitze. Zustiegsmöglichkeit: Mittelstation der Tramway du Montblanc. Fahrt ⇔ € 13,30, ☏ 04/50 54 40 32

Les Houches - **Prarion** (1.967 m). Das letzte Stück zum Aussichtspunkt mit Orientierungstafel muss zu Fuß zurückgelegt werden. Herrlicher Rundblick für den, der Richtung Norden auf dem Kamm bis zum eigentlichen Gipfel wandert (⇔1 Std.).

Fahrt ⇔ € 13,50, ☏ 04/50 54 42 65

🚞 Die Zahnradbahn **Tramway du Montblanc** fährt von St-Gervais-les-Bains/Le Fayet bis Le Nid d'Aigle am Glacier de Bionnassay (2.386 m).

Die Bahnlinie, 1904 begonnen, sollte ursprünglich bis auf den Gipfel des Montblanc führen. Das Bauvorhaben wurde dann aber wegen allzu großer Schwierigkeiten am Nid d'Aigle eingestellt.

Fahrt ⇔ € 28, ☏ 04/50 47 51 83

🚶 Von der Bergstation bis zur Gletschermoräne benötigt man etwa 1 Std. für Hin- und Rückweg. Es ist eine eindrucksvolle Wanderung durch wilde Gletscherlandschaft.

Die Zahnradbahn zum Montenvers sowie die Seilbahn Aiguille du Midi sind das ganze Jahr über in Betrieb, die Tramway du Montblanc von Juni bis Anfang Oktober, die restlichen Seilbahnen fahren zwischen Juni und Anfang September.

Montblanc-Rundweg TMB

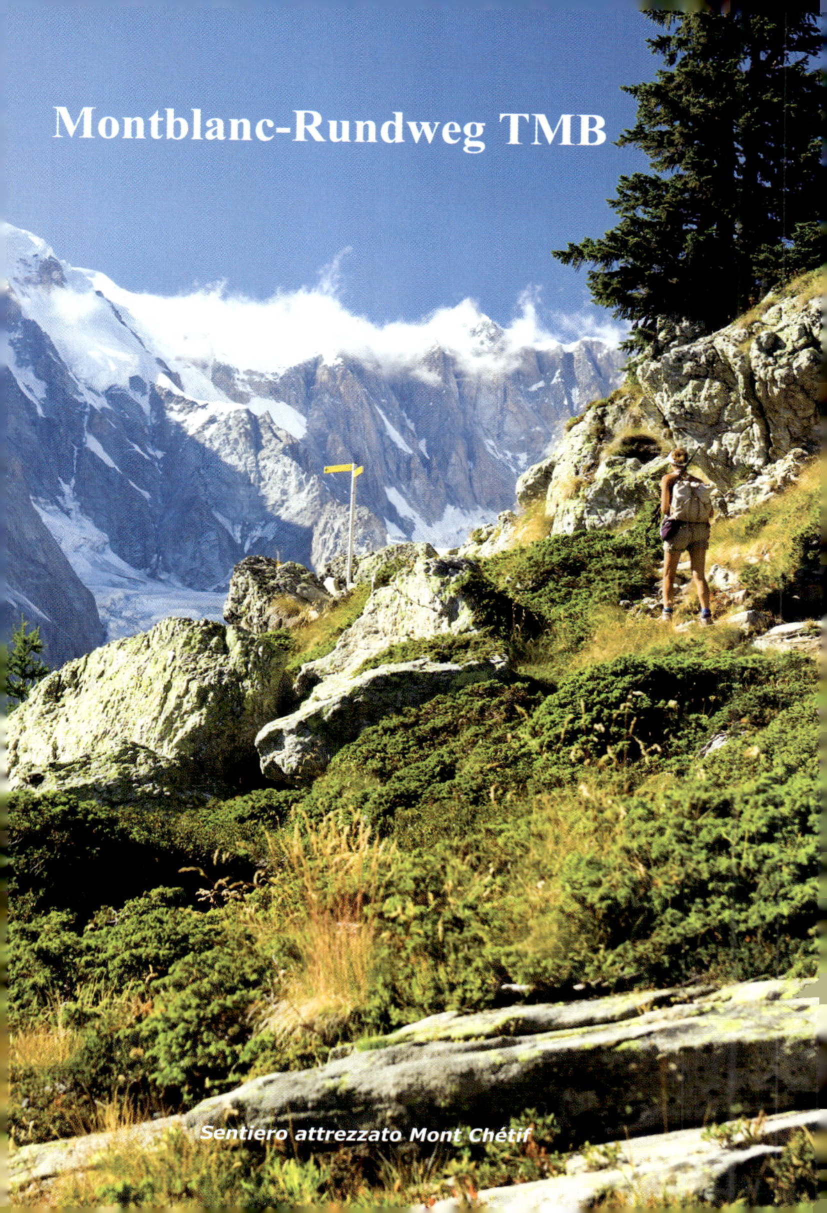

Sentiero attrezzato Mont Chétif

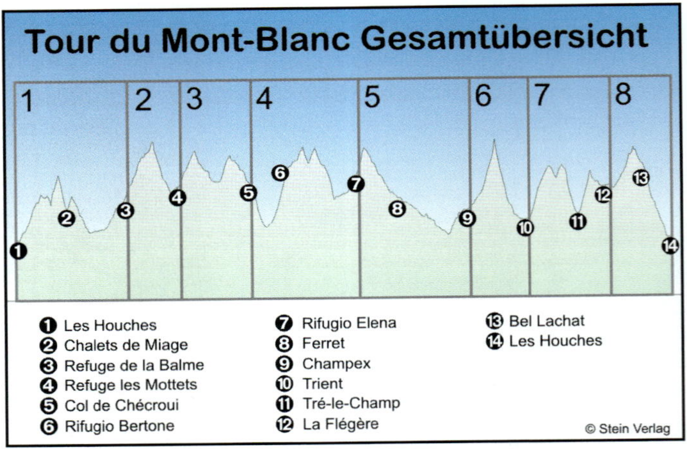

Etappe 1: Les Houches - Chalets de Miage

⌛ insg. 6 Std., ↑ 1.367 m, ↓ 761 m

➔ Bahnhof Les Houches (980 m) - Col de Voza (1.653 m): 2 Std., ↑ 700 m

➔ Col de Voza - Chalets de l'Are (1.600 m): 1 Std. 15 Min., ↑ 147 m, ↓ 200 m

➔ Chalets de l'Are - Col du Tricot (2.120 m): 1 Std. 30 Min., ↑ 520 m

➔ Col de Tricot - Chalets de Miage (1.559 m): 1 Std. 15 Min., ↓ 561 m

↳ Prarion (1.969 m)

▷ **Variante A** (Hauptroute): Col de Voza - Bionnassay - Tresse - Les Contamines (⌛ 5 Std, ↑ 847 m, ↓ 633 m, ⊃ 13,8 km)

✆ 0039

Refuge Les Amis de la Nature Les Chavants/Les Houches, route de la côte des Chavants, ☏ 04/50 54 41 07, 15. Dez.-Ende Sept.

♦ Gîte Tupilak, Route de Coupeau, ☏ 04/50 54 56 66, www.tupilak.com, 28 Plätze, Nacht € 20 + HP 18. Hübsches Chalet, Treffpunkt der Kletterszene.

♦ Gîte auberge Le Crêt/Les Houches, ganzjährig, HP Schlafsaal € 35, HP Zimmer € 48, ☏ 04/50 55 52 27, www.auberge-le-cret.com

♦ Refuge de Miage, Juni-Sept, ☏ 04/50 93 22 91

📖 IGN-Karte 1:25.000, 3531 ET St-Gervais

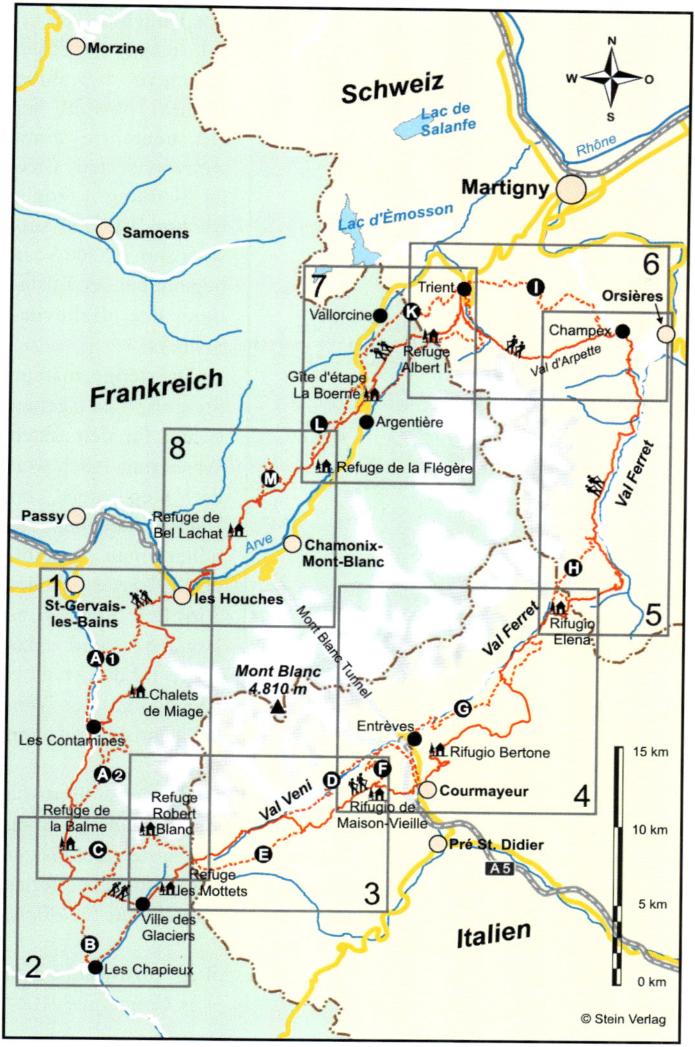
Morzine
Schweiz
N
W
O
S
Lac de Salanfe
Rhône
Martigny
Lac d'Èmosson
Samoens
6
7
Trient
Orsières
Vallorcine
Champex
Refuge Albert I.
Val d'Arpette
Frankreich
Gîte d'étape La Boerne
Argentière
8
Refuge de la Flégère
Val Ferret
Passy
Refuge de Bel Lachat
Arve
Chamonix-Mont-Blanc
1
St-Gervais-les-Bains
les Houches
Mont Blanc Tunnel
Val Ferret
Rifugio Elena
5
Mont Blanc 4.810 m
Chalets de Miage
Entrèves
Les Contamines
Rifugio Bertone
15 km
Val Veni
Courmayeur
4
Refuge de la Balme
Refuge Robert Bland
Rifugio de Maison-Vieille
10 km
Pré St. Didier
A5
Refuge les Mottets
3
5 km
Ville des Glaciers
Italien
2
Les Chapieux
0 km
© Stein Verlag

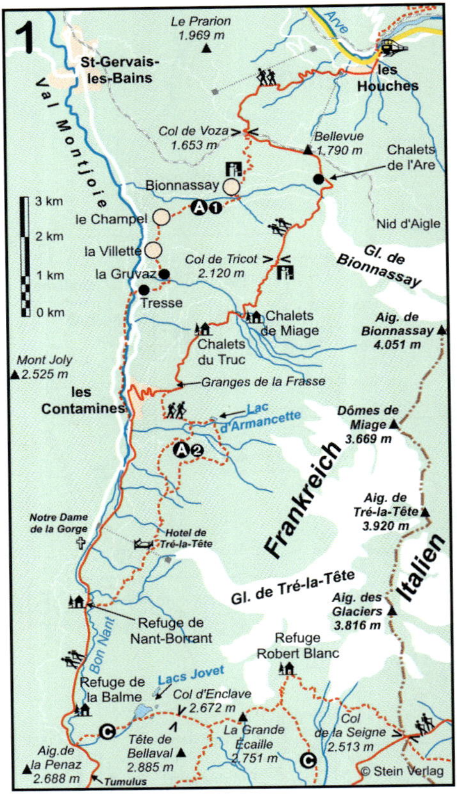

Les Houches (980 m) hat seinen dörflichen Charakter bewahren können, obwohl der Ort heute zu einer weitverstreuten Chalet-Siedlung angewachsen ist. Der Aufstieg zum Col de Voza beginnt bei der Talstation der Bellevue-Seilbahn.

Die stetige, mäßige Steigung ist genau richtig für den ersten Wandertag. Auch weil der Weg meist im Halbschatten liegt. Je höher man kommt, desto besser ist der Ausblick auf Les Houches und das obere Tal der Arve bis Chamonix. Der Weg ist identisch mit dem GR 5.

Zunächst führt die Route über einen Fahrweg westlich der Talstation an Chalets vorbei. Ab **Les Lavoets** geht es auf einem Waldpfad mäßig ansteigend bis zur Talstation eines Schleppliftes (**La Maison Neuve**). Nun über freies Almgelände zum **Col de Voza**, dem Joch zwischen **Bellevue** (1.790 m) und **Le Prarion** (1.969 m).

Die **Normalroute** der TMB folgt ab dem Col de Voza weiter dem GR 5 über Bionnassay, le Champel, Tresse bis Les Contamines (☞ Variante A, Seite 118).

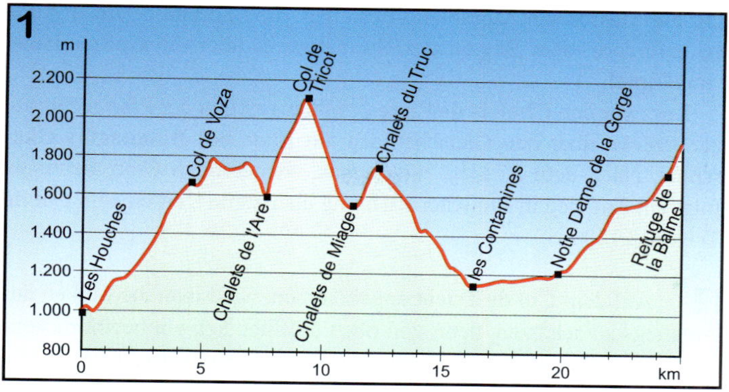

Prarion (1.969 m)

⌛ Col de Voza - Prarion ⇔ 1 Std. 30 Min.

Bei klarer Sicht lohnt der Abstecher auf den Prarion. Seine Höhe knapp unter 2.000 m scheint für diese Gegend schon fast lächerlich, aber der Berg liegt exponiert zwischen mehreren Tälern und bietet so einen einmaligen Überblick. Nordwestlich auf der anderen Talseite blickt man auf das Plateau von Assy mit seiner berühmten Kirche. Ihre Ausgestaltung, an der bedeutende Künstler beteiligt waren, ist äußerst ungewöhnlich und einen separaten Abstecher wert.

Der Vorzug der nun beschriebenen **Nebenroute** über den Col de Tricot ist, dass sie zwar etwas alpiner, dafür aber weniger begangen ist. Vom **Col de Voza** (1.653 m) zieht sich ein breiter Weg entlang der Zahnradbahnlinie Tramway du Montblanc bis zum Hotel Bellevue.

Dort angekommen, folgen Sie dem Weg nicht über die Gleise, sondern gehen rechts der Gleise entlang. An schönen Tagen herrscht hier mitunter großer Rummel, da man, bequem per Seilbahn erreichbar, einen berühmten Blick genießt: Auf die lange Bergkette der **Aiguilles Rouges**, die das in nordöstlicher Richtung verlaufende Tal von Chamonix (gegenüber dem Montblanc-Massiv) begrenzen. Hinzu kommt außerdem, dass hier die Mittelstation der Tramway du Montblanc ist, um die Massen der Montblanc-Besteiger zur Endstation **Nid d'Aigle** zu befördern, dem Beginn des Normalweges über die **Goûter**-Hütte zum Gipfel.

Kurz vor den **Chalets de l'Are** (1.600 m) zweigt der Pfad rechts ab, zur Brücke über den Gletscherbach am Ende des **Bionnassay**-Gletschers. Nach dem Abstieg zur flachen, schneefreien Gletscherzunge folgt ein Aufstieg in südlicher Richtung über steile Kehren zum **Col de Tricot** (2.120 m).

Auf dem **Col de Tricot** angekommen, weiß man die Mühen des Aufstiegs zu schätzen, denn von oben eröffnet sich ein beeindruckender Blick auf die steile Nordflanke der Dômes de Miage (3.669 m). Der scharfe Eisgrat zieht sich vom Col de Dôme zu beiden Gipfeln hinauf und dann wieder hinab zum Col de la Bérangère.

Der Abstieg vom Pass ist steil, Sie gehen in südöstlicher Richtung bis zu den **Chalets de Miage** (1.559 m). Aber Sie können ja jetzt die Füße hochlegen, denn das Tagesziel ist erreicht.

Refuge de Miage, James Orset, ☏ 04/50 93 22 91, 1. Juni bis 15. September 30 Plätze im Schlafsaal, 2 Zimmer, HP € 40,

Etappe 2: Refuge de Miage - Les Contamines - Refuge de la Balme

⌛ insg. 4 Std., ↑ 710 m, ↓ 563 m

➔ Refuge de Miage (1.559 m) - Chalets du Truc (1.730 m): 30 Min., ↑ 171 m

➔ Truc - Notre Dame de la Gorge (1.210 m): 2 Std., ↓ 563 m, ↑ 43 m

➔ N.D. de la Gorge - Refuge de la Balme (1.706 m): 1 Std. 30 Min., ↑ 496 m

0033

Refuge du Truc, ☏ 04/50 93 12 48

♦ Refuge de Nant-Borrand, ☏ 04/50 47 03 57 oder ☏ 04/50 47 05 45

♦ Refuge de la Balme, ☏ 04/50 47 03 54

IGN-Karte 3531 ET St-Gervais

Von der **Refuge de Miage** (1.559 m) ist es nach der Überquerung des Baches nur ein halbstündiger Aufstieg bis zu den **Chalets du Truc** (1.730 m). Ob das Refuge de Miage oder das Refuge du Truc sich besser zur Übernachtung eignet, ist schwer zu sagen. Beide liegen äußerst schön auf einem kleinen Plateau in exponierter Lage.

Refuge du Truc, Bernadette Ressat, 28 Plätze im Schlafsaal, Restaurant, 15. Juni bis 15. Sept., HP € 34, ☏ 04/50 93 12 48 + ☏ 50 47 05 31

Eine Fahrpiste führt von den Chalets du Truc zu den Granges de la Frasse, wo man sich entscheiden kann für die alpine Variante (☞ Variante A-2, Seite 118) über das Berghotel Tré-la-Tête oder die kulturelle Variante über das hübsche Dorf Les Contamines und den bequemen Talweg (sentier baroque) zur Wallfahrtskirche Notre Dame de la Gorge.

Bei letzterem wählt man nicht links die TPMB-Strecke (Tour du Pays du Mont-Blanc), sondern hält sich rechts, über Fahr- und Fußwege abwärts bis nach **Les Contamines** (1.167 m). Nehmen Sie sich Zeit für einen gemütlichen Bummel durch den Ort mit seiner hübschen barocken Kirche.

Les Contamines

Office du Tourisme, 18 route de Notre Dame de la Gorge, BP 7, 74117 Les Contamines, ☏ 04/50 47 01 58, info@lescontamines.com, www.lescontamines.com

Reservierungszentrale ☏ 04/50 47 05 10

♦ Chalet du Club Alpin Francais in Contamines, 22, route du Plan du Moulin, ☏ 04/50 47 00 88, 15. Juni bis Ende Sept., HP € 34,30/41,40

Camping-caravaning Le Pontet, ☏ 04/50 47 04 04, www.campinglepontet.fr, zwischen Les Contamines und Notre Dame de la Gorge, mit Gîte d'étape (p.P. € 12), Dez.-Sept.

Les Contamines (1.167 m), das letzte Dorf im Val Montjoie, liegt am Fuß des Mont Joly und der schneebedeckten Kuppen der Dômes de Miage und ist durchaus einen längeren Aufenthalt wert.

Lohnende Ausflüge

Le Signal (1.850 m)

Toller Blick auf die **Dômes de Miage** und das **Tré-la-Tête-Massiv.** Ab der Bergstation halbstündiger Aufstieg zum **Col du Joly** (1.989 m). Der Blick weitet sich auf das Montblanc-Massiv. Der weitere (etwas steile) Aufstieg (1 Std. 30 Min.) zur **Aiguille Croche** (2.487 m) bietet ein noch besseres Panorama.

Mit dem Bus ins nahe **St.-Gervais-les-Bains** (807 m). Dank seiner Schwefelthermen gehört St.-Gervais zu den ältesten Ferienorten der französischen Alpen. Die größte Attraktion ist die Schmalspurbahn Tramway du Montblanc (☞ Chamonix).

Von Les Contamines können Sie entweder entlang der Hauptstraße Richtung Notre Dame de la Gorge oder auf einer weniger befahrenen Seitenstraße gegenüber des Flusses laufen. Etwa nach 2 km, bevor die Straße rechtwinklig zur Brücke abzweigt, wechseln Sie in einen Fußweg östlich des Bachverlaufs. Sie passieren die idyllisch gelegene Wallfahrtskirche **Notre Dame de la Gorge** (1.400 m, GPS: N 45°47'46/E 006°42'55) eines der beliebtesten Ausflugsziele im Tal, gern auch Schauplatz für Hochzeiten sowie Startpunkt organisierter TMB-Wanderungen. Im Jahr 1706 geweiht, beherbergt ihr Inneres bemerkenswerte Beispiele der Barockkunst Hochsavoyens.

Nach der Bachüberquerung (Orientierungstafel) zieht sich ein mit großen Steinplatten gepflasterter, alter Römerweg parallel zum Bon Nant rechts durch den Wald hinauf. Nach kurzer Zeit weist ein Schild auf eine schöne Naturbrücke hin. Dann wird eine alte Römerbrücke überquert, die wunderbare Einblicke in die Klamm des Bon Nant gewährt.

Wenn der Wald sich öffnet, trifft man auf die Buvette Relais Sollié ✕, kurze Zeit später auf das **Refuge de Nant-Borrant** (1.392 m).

Refuge de Nant-Borrant, M.M. Mollard, ☏ 04/50 47 03 57 oder außerhalb der Saison, ☏ 50 47 05 45, 35 Plätze in 5 Schlafräumen, ✕, Selbstversorgerküche, Anfang Juni bis Ende Sept. Nacht € 15, HP € 35

Noch ein kurzer Waldaufstieg, dann öffnet sich ein weites Hochtal und in der Ferne ist schon das Tagesziel sichtbar, die **Refuge de la Balme**.

Refuge de la Balme, M. Didier Gut, ☏ 04/50 47 03 54 oder ☏ + FAX (privat) 50 47 17 05, 70 Plätze im Schlafsaal, ⛺, ✕, Selbstversorgerküche, 15. Juni bis 15. Sept. Schlafsaal mit HP € 35, Zimmer mit HP € 42

Etappe 3: Refuge de la Balme - Col du Bonhomme - Col des Fours - Refuge les Mottets

⌛ insg. 5 Std. 45 Min., ↑ 1.040 m, ↓ 876 m

➔ Refuge de la Balme (1.706 m) - Col de la Croix de Bonhomme (2.479 m): 3 Std., ↑ 773 m

➔ Croix du Bonhomme - Col des Fours (2.665 m): 40 Min., ↑ 186 m

➔ Col des Fours - Refuge les Mottets (1.870 m): 2 Std., ↓ 876 m, ↑ 81 m

Tête Nord des Fours (2.756 m), ca. 1 Std., ↑ 91 m

▷ **Variante B**: Abstieg vom Col de la Croix du Bonhomme nach Les Chapieux, 1 Std. 30 Min. und per Navette (Pendelbus, Reservation ☏ 04/79 89 07 15) von der Auberge de la Nova nach Ville des Glaciers (zu Fuß 1 Std. 30 Min.).

▷ **Variante C**: La Balme - Lacs Jovet - Refuge Robert Blanc - Refuge les Mottets: 8 Std. (ohne Abstecher zum Refuge 6 Std. 30 Min.), ↑ 1.276 m (966 m), ↓ 1.112 m (802 m)

0033

Refuge (CAF) du Col de la Croix-du-Bonhomme, ☏ 04/79 07 05 28, Auberge de la Nova, ☏ 04/79 89 07 15, www.refugelanova.com

♦ Refuge les Mottets, ☏ 04/79 07 01 70, FAX 04/79 07 51 55

IGN-Karte 3531 ET St-Gervais

Ab der Refuge steigt der Pfad nun steiler in eine wilde Szenerie hinauf. Über dem Wanderer türmen sich die Felszacken der Roches-Trandes und der Aiguilles de la Penaz. Zwischen gewaltigen Felsblöcken hindurch wird das **Plan Jovet** erreicht, wo ein Pfad links zu den **Lacs Jovet** abzweigt (☞ Variante C, Seite 120, einsamer, falls auf der TMB zuviel los ist).

Kurze Zeit später treffen Sie auf die winzige Hochebene **Plan des Dames** (2.043 m), wo sich ein Tumulus befindet. Eine Legende erzählt von einer englischen Dame, die mit ihrer Begleiterin hier im Schneesturm erfroren ist. Tradition ist seither, einen Stein zum Gedenken niederzulegen, denn das soll vor einem ähnlichen Schicksal schützen. Weniger abergläubische Menschen kontern damit, dass die Bewohner hier schlichtweg die umliegenden Steine gesammelt und aufgetürmt haben, um das Gras der fruchtbaren Mulde für die Tiere besser wachsen zu lassen.

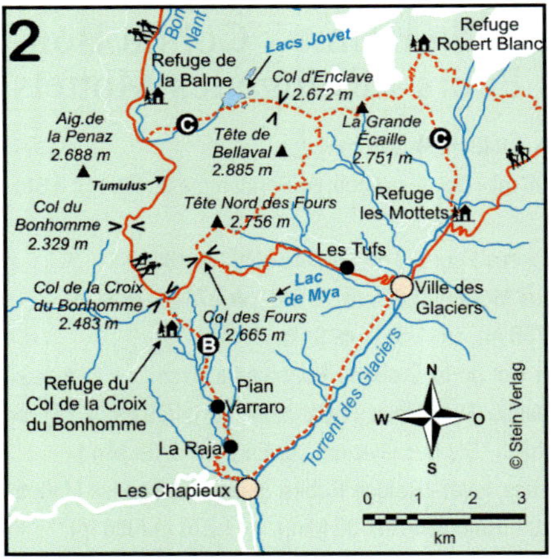

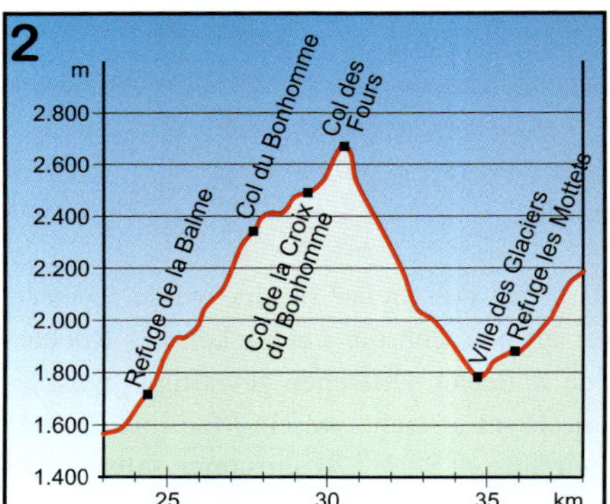

Immer wieder müssen Schnee- und Geröllhalden überquert werden, bis der **Col du Bonhomme** (2.329 m) erreicht ist. Der Blick reicht über das lang gezogene Montjoie-Tal im Norden zur klotzigen Tre-la-Tête-Gruppe im Nordosten bis zum nahen **Rocher du Bonhomme**.

Eine knappe Stunde entfernt folgt der nächste Pass **Col de la Croix du Bonhomme** (2.483 m, GPS: N 45°43'25/E 006°42'57). Er offeriert einen herrlichen Ausblick auf die Gletschermassive von **Tarentaise** im Süden und auf die

Gipfel des **Beaufortain** im Westen. Einen Katzensprung unterhalb des Passes steht das gleichnamige Refuge in exponierter Lage, übrigens das höchstgelegene Domizil der TMB.

Refuge du Col de la Croix du Bonhomme CAF, (2.443 m), ☏ 04/79 07 05 28, oder ☏ 79 32 10 49 (CAF Albertville), 15. Juni bis 15. Sept., 109 Schlafplätze davon 86 in 4 bis 6-Bett Zimmern, (Reservierung) Selbstversorgerküche. Übernachtung € 20,80, HP € 45

Bei Nebel oder Schlechtwetter sollte man auf den etwas schwierigeren Übergang über den Col des Fours verzichten, in der Refuge nächtigen und am nächsten Tag starten.

Sollte das schlechte Wetter anhalten, bietet sich eine Alternativroute an (☞ Variante B, Seite 119).

Vom Col de la Croix du Bonhomme ist der Aufstieg nur kurz zum **Col des Fours** (2.665 m, GPS: N 45°43’40/E 006°42’28), dem höchsten Punkt der Rundwanderung.

Tête Nord des Fours (2.756 m)

ca. 1 Std. ⇔ ↑ 91 m

Der nur einstündige Gipfelabstecher auf den Tête Nord des Fours ist schon fast ein Muss, nicht zuletzt wegen seines berühmten ersten Besuchers, dem Genfer Forscher Saussure. Von oben eröffnet sich ein herausragender Einblick in die Südseite der Montblanc-Kette (nachmittags für gewöhnlich am schönsten).

Im Herbst 2008 wurde ein neuer, gelb markierter Weg (12 km) vom Tête Nord des Fours über das Refuge Robert Blanc zum Col de la Seigne eingerichtet, eine Variante der TMB, die sich nur an geübte Berggänger richtet. Heikle Abschnitte sind mit Drahtseil gesichert. Die Route zieht sich über die Passage de Bellaval (südöstlich der Tête de Bellaval) und die Grande Écaille zur Refuge Robert Blanc (4 Std. 15 Min.).

Refuge Robert Blanc, ☏ 04/79 07 24 22, ab 1. Mai Wochenenden sowie tgl. Mitte Juni bis Mitte Sept., Übernachtung € 12,25, HP € 36,25

Von der Hütte weiter zur Moraine des Glaciers-Gletscher und in einer Querung durch die Hänge von Cabottes zum Col de la Seigne (3 Std.).

Der Abstieg nach Ville des Glaciers führt extrem steil durch den Osthang des Col des Fours hinunter zum **Plan des Fours.**

☺ Wer sich hier vom Weg ab nach rechts wendet, trifft bald darauf auf den idyllischen **Lac de Mya**. Ein hervorragender Picknickplatz! Wer sich ein bisschen genauer im Fels umschaut, hat vielleicht das Glück, Steinböcke zu sichten, die sich um den Osthang des Col des Fours gerne aufhalten.

Es folgt eine steile Passage durch Schieferhänge. Nun genauer auf die rot-weiße Markierung achten, die auf dem Felsbrockengewirr gerne übersehen wird. Nach dem Traversieren einiger Bäche folgt der Pfad, weniger steil, der linken Talseite bis zu den Hütten von Les Tufs (1.993 m). Über einen bequemen Weg ist schnell **Ville des Glaciers** (1.789 m) erreicht. An eine „Gletscherstadt" darf man hier nicht denken, der Name bezeichnet lediglich die letzte Häuseransammlung vor dem Gletscher im Talschluss.

☺ Einen Blick in die urige Sennerei sollten Sie auf jeden Fall werfen. Vielleicht können Sie sogar der Käseproduktion des berühmten *Beaufort* beiwohnen. Eine andere Spezialität, die nur in wenigen Sennereien zu finden ist, ist *Serac*. Der Weißkäse ist geschmacklich mit Hüttenkäse vergleichbar. Eine Auswahl an Käsesorten kann man sich vom Käsemeister im Verkaufslager zurechtschneiden lassen, ein idealer Energiespender für unterwegs.

Die letzten Meter zur Refuge les Mottets (1.870 m) sind ein Kinderspiel. Sie überqueren den **Torrent des Glaciers** und gehen nach links an seinem Ufer entlang in gemächlicher Steigung bis zur Hütte.

Refuge des Mottets, Annie Bourgeois, ☏ 04/79 07 01 70, FAX 04/79 07 51 55, (in Bourg-St-Maurice, kein Telefon in der Hütte), www.lesmottets.com, 15. Juni bis 15. Sept., 50 Plätze im Schlafsaal, ✕, Selbstversorgerküche. Nacht € 14,50

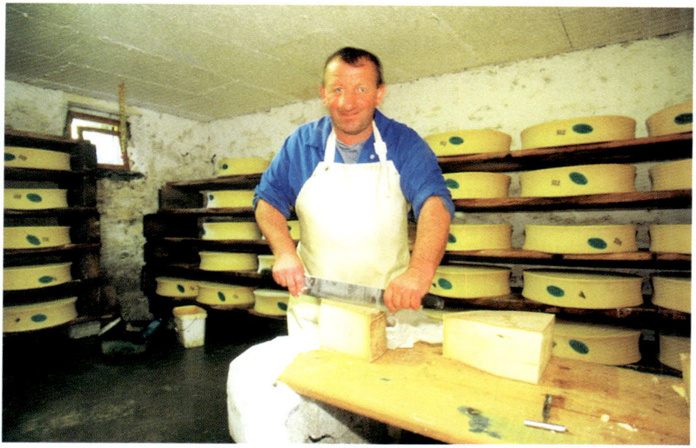

Käsemeister Jean Luis in Ville des Glaciers

mit HP € 48, heiße Dusche € 2. Die Gaststube ist urgemütlich, manchmal spielt die Hausherrin Akkordeon, der Schlafsaal ist unangenehm. Die Refuge produziert ihren Strom mit eigener Turbine.

Etappe 4: Refuge les Mottets - Col de la Seigne - Val Veni/Col de Chécroui

⌛ insg. 7 Std., ↑ 1.051 m, ↓ 965 m

➔ Les Mottets (1.870 m) - Col de la Seigne (2.516 m): 2 Std. 30 Min., ↑ 646 m

➔ Col de la Seigne - Lac Combal (1.970 m): 1 Std. 45 Min., ↓ 546 m

➔ Lac Combal - Col de Chécroui (1.956 m): 2 Std. 45 Min., ↑ 405 m, ↓ 419 m

✆ 0033, ab Col de la Seigne 0039

Rifugio (CAI) Elisabetta Soldini (2.035 m), ☏ (0039)01 65/84 40 80

♦ Rifugio de Maison-Vieille (Col de Chécroui, 1.956 m), ☏ (0039)03 37/23 09 79, www.maisonvieille.com

Abkürzung: Vom Restaurant Chalet de Miage regelmäßige Busverbindung nach Courmayeur.

▷ **Variante D** durch das Val Veni

▷ **Variante E** vom Col de la Seigne - Col de Chavannes - Arp superiore

🕮 IGN-Karte 3531 ET St.-Gervais

Der Pfad ist gut markiert und windet sich in großen Schleifen über weite Alpweiden zum **Col de la Seigne** (2.516 m, GPS: N 45°45'11/E 006°48'42) hinauf. Unterwegs können Sie grandiose Ausblicke auf den **Glacier des Glaciers** genießen, darüber türmt sich der **Dôme de Neige** und die **Aiguille des Glaciers**. Als kleiner Punkt in der Gletscherwelt die Refuge Robert Blanc.

Auf dem Pass markiert eine große Steinpyramide die französisch-italienische Grenze. Uralt soll der Passübergang sein, angeblich zog schon Hannibal auf seinem sagenhaften Marsch nach Rom hier durch.

Der Ausblick ist atemberaubend: Links die Firnkuppe des Montblanc, die unmerklich zum **Montblanc de Courmayeur** übergeht. Von dort stürzen die Felsbastionen des **Brouillard**- und **Peutereygrats** kaskadenförmig ins **Val Veni**. Davor ragt die Nadel der **Aiguille Noire de Peuterey** zwischen den seltsamen Kalkpyramiden der **Calcaires** heraus. Im Talgrund, von der gewaltigen Randmoräne des **Glacier de Miage** gestaut, liegt die Hochfläche des **Lac Combal**. Darüber ragt in der Ferne der **Grand Combin**.

Der Abstieg erfolgt über weite Alpwiesen und die **Alpe supérieure de la Lée-Blanche** in das gleichnamige weite Hochtal. Oberhalb der Stallungen der Alpe inférieure thront die **Elisabetta-Hütte** in einzigartiger Lage vor dem gewaltigen Eisstrom des **Glacier de la Lée-Blanche**.

Rifugio Elisabetta Soldini, (CAI), ☏ 01 65/84 40 80, Mitte Juni - Mitte Sept., 85 Plätze im Schlafsaal + Zimmer, ✕, mit HP € 42. Wie in fast allen Hütten, sind auch hier Duschen Mangelware. Das Essen und die exponierte Lage machen alles wett.

Ein breiter Wanderweg führt in Serpentinen entlang der Gletscherzunge in den Talgrund des **Lac Combal** (1.970 m). Diese sumpfige

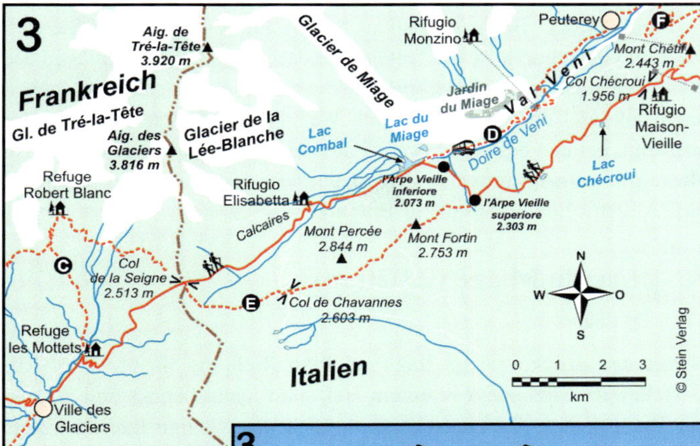

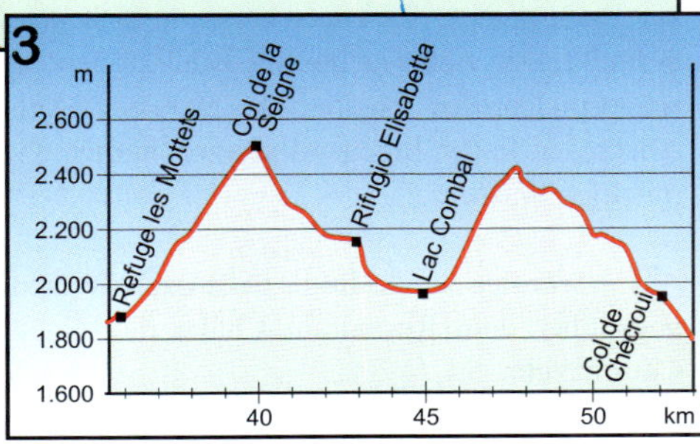

Hochebene, durch den Moränenwall des **Glacier de Miage** entstanden, begeistert durch eine Vielfalt an Alpenblumen und Wollgras. Ganz besonders beeindruckt die **Aiguille Noire de Peuterey**, die senkrecht vor Ihnen in den Himmel steigt. Erstmals tauchen auch die Granitnadeln der **Dames Anglaises** auf. Am nördlichen Ende des Sees trifft man auf einen Damm und eine Brücke.

↳ Jardin du Miage

⌛ 1 Std.

Von der Brücke am Restaurant Chalet du Miage zweigt in nordwestlicher Richtung die Route zu den bedeutenden Montblanc-Stützpunkten Gonella-, Sella- und Monzino-Hütte ab. Sie folgen dem Weg in stetem

Auf und Ab. Ein Bach wird überschritten, an dessen Verlauf Sie sich bis zum Gletscher aufwärts halten. Bei der Weggabelung schlagen Sie nicht den rechten Weg Richtung Monzino-Hütte ein, sondern gehen nach links auf den Moränenkamm. Wer am nördlichen Gletscherufer aufsteigt, hat den besten Überblick auf den Jardin du Miage (2.012 m). Diese grüne Insel mitten in den Ausläufern des Glacier du Miage ist eine Augenweide nicht nur für Botaniker.

Lac du Miage (2.020 m)

1 Std ⇔

Hinter der Brücke zweigt links ein Pfad Richtung Schutzhütte (Rif. Gonella) ab. Man steigt in einem Halbrund leicht bergan und gelangt zur Randmoräne des Gletschers, wo sich der winzige Lac du Miage befindet. Der vielbesuchte See zählt zu den beeindruckendsten Naturschauspielen der Region, da hier der Gletscher in regelmäßigen Abständen kalbt: krachend stürzen immer wieder Eisbrocken in das milchige Wasser.

Wer der Straße folgt, trifft nach 30 Min. auf die Bushaltestelle gegenüber dem Restaurant Chalet de Miage mit Verbindung nach Courmayeur.

☺ Wanderung durch das Val Veni (☞ Variante D, Seite 120).

Vom Rifugio Elisabetta kommend zweigt vor der Brücke die TMB-Route rechts ab. Mit roten Punkten gut markiert, führt sie steil hinauf über die Alm **l'Arpe Vieille inferiore** (2.073 m) und **superiore** (2.303 m) (☞ Variante E). Was die Ausblicke betrifft, so zählt diese Route zur schönsten Teiletappe der TMB. Hinter der zweiten Alphüttenansammlung taucht ein vorspringender Bergrücken (Nordsporn des Mont Favre) auf, ab dann geht es praktisch nur noch abwärts, am **Lac Chécroui** (2.165 m) vorbei bis zum **Col de Chécroui** (1.956 m).

Rifugio Maison-Vieille/Col Chécroui, Giocomo Calosi, ☎ 03 37/23 09 79, 10. Juni bis 20. Sept., 52 Plätze im Schlafsaal, HP € 40, www.maisonvieille.com

♦ Gîte-étape Le Randonneur de Mont Blanc etwas unterhalb des Col Chécroui im Weiler Pra Neyron, ☏ 338/716 63 55 oder 349/536 88 98, 💻 www.randonneurmb.com, Mitte Juni bis Mitte Sept., Schlafsaal HP € 45-55, Zi HP € 60-65

Etappe 5: Col de Chécroui - Courmayeur - Rifugio Bertone

⌛ insg. 4 Std., ↑ 744 m, ↓ 730 m

➔ Col Chécroui (1.956 m) - Dolonne - Courmayeur (1.226 m): 1 Std. 30 Min., ↓ 730 m

➔ Courmayeur - Refuge Bertone (1.970 m): 2 Std. 15 Min., ↑ 744 m

✆ 0039

Rifugio Bertone, ☏ 01 65/84 46 12, 💻 www.rifugiobertone.com

Mont Chétif

▷ **Variante F**: Col Chécroui - Val Veni - Courmayeur

📖 IGN-Karte 3531 ET St-Gervais

Der Abstieg erfolgt auf einem breiten Fußweg über das alte Bergdorf Dolonne nach Courmayeur (1.226 m), kann aber auch durch die Benutzung der Seilbahn abgekürzt werden.

Landschaftlich schöner ist der Abstieg durch das Val Veni nach Courmayeur (☞ Variante F, Seite 122).

Mont Chétif (2.443 m)

⌛ 1 Std. 30 Min.,, ↓ 59 m/↑ 446 m

Von der Normalroute zweigt bald nach dem Col Chécroui links ein Pfad zum Mont Chétif ab. Dieser Gipfel ist eine außergewöhnliche Aussichtskanzel. Weit öffnet sich der Blick vom Tré-la-tête im Westen bis zu den Grandes Jorasses im Osten. Über einen Klettersteig (via ferrata) kann über la Vilette oder Dolonne nach Courmayeur abgestiegen werden.

➔ ⌛ Mont Chétif - Dolonne 3 Std., ↓ 1.150 m

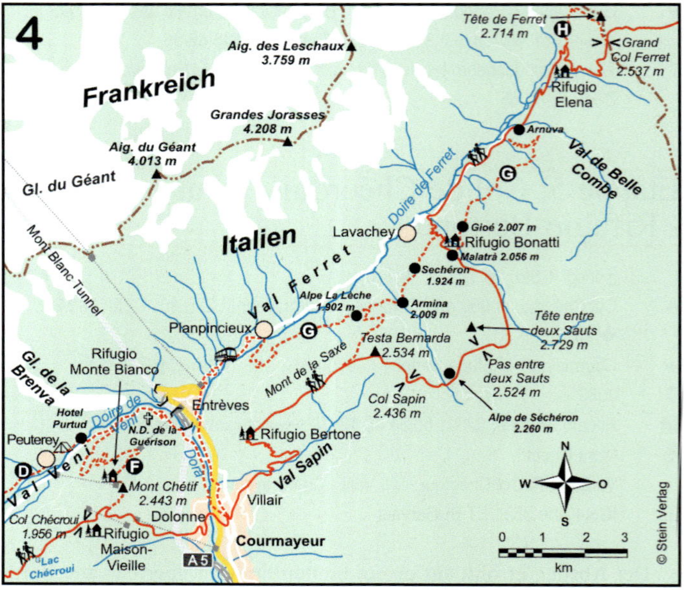

Courmayeur

BANK

Touristenbüro von Courmayeur, Piazzale Monte Bianco (Busbahnhof), 01 65/84 20 60, www.courmayeur.net

Busbahnhof am Piazzale Monte Bianco, Ticketschalter (biglietteria) der Busgesellschaft SAVDA 01 65/84 13 97, von 7:15-18:15 jede Std. ins Val Ferret bis zur letzten Häuseransammlung Arp Nouva. mehrmals tgl. nach Chamonix, Aosta, Torino, etc., stündlich nach La Palud zur Talstation der Seilbahn. Fahrpläne unter www.savda.it

Bahnstation in Pré-St.-Didier, 5 km entfernt

Hotel Meublé Laurent, DZ ab € 50 p.P., Via Circonvallazione 23, 01 65/84 66 87, www.meublelaurent.com

♦ Hotel Des Glaciers, Fraz. Dolonne, 01 65/84 20 37, www.hoteldesglaciers.com, DZ ab € 45 p.P.

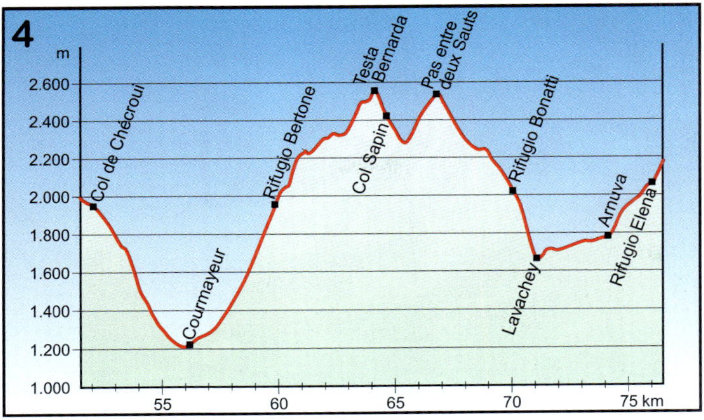

♦ Hotel Dolonne, Fraz. Dolonne, ☏ 01 65/84 66 74, 💻 www.hoteldolonne.com, DZ ab € 35 p.P.

⌘ Museo Alpino duca degli abruzzi, Piazza Abbé Henry 2 (bei der Kirche), ☏ 01 65/84 20 64, 💻 www.courmayeur-mont-blanc.com

🚡 Seilbahn über das Montblanc-Massiv. Für Wanderer ist es eine **Rückkehrmöglichkeit nach ☞ Chamonix**. Bei schlechtem Wetter sind oft Teilstücke gesperrt. Infos hängen an der Talstation aus. La Palud - Punta Helbronner (Grenze, Passkontrolle) ⇔ € 35, Punta Helbronner - Chamonix: € 56

☺ Die franz. Strecke kann man erst oben an der Grenze bezahlen.

ℹ ☏ 01 65/899 25, FAX 894 39, ✉ info@montebianco.com, 💻 www.montebianco.com

✞ Sehenswert ist der romanische Glockenturm der Kirche im alten Dorfkern, die dem Hl. Pantaleone und Valentin geweiht ist.

⛈ ☏ 01 65/899 61

Der bekannteste Wintersportort Italiens am Ende des Aostatals breitet sich in einzigartiger Lage am linken Ufer der jungen Dora aus.

Die Ursprünge Courmayeurs liegen weit zurück. In bischöflichen Dokumenten ist von Curia Major die Rede, die Römer nannten das Gebiet *Culmen Maius*. So bezaubert nicht nur der Blick auf den

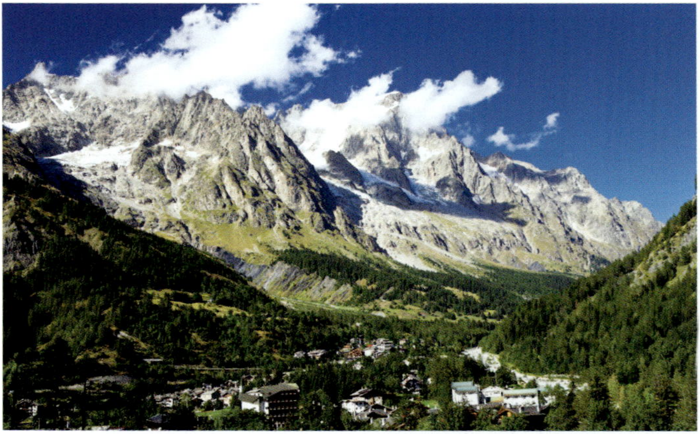

Von Courmayeur bietet sich ein eindrücklicher Blick auf das Mont Blanc Massiv mit den Grandes Jorasses

gewaltigen Aufschwung zum Montblanc, sondern auch das Flanieren durch die verwinkelten Gassen des alten Dorfkerns.

Italienisches Flair, leckeres cremiges Eis, Capuccino in einem der hübschen Straßencafés (z.B. Café de la Posta) eine längere Pause kann hier sehr angenehm sein.

🚶🚶 Ein hübscher Spaziergang mit Blick auf die alten Steindächer empfiehlt sich oberhalb der Kirche entlang eines Bisses (Wasserkanal, ☞ Champex).

☺ Wanderer in Zeitnot nutzen als Abkürzung den Bus durch das Val Ferret bis zur Endstation Arp Nouva (stündl. von Courmayeur), um in 45 Min. zum Rifugio Elena (☞ Etappe 6, Variante G) aufzusteigen.

Vom Dorfzentrum Courmayeur (1.226 m) folgt man der Straße nach **Villair** und bis zu ihrem Ende (1.327 m). Die Straße wechselt nun in den Talweg ins **Val Sapin**. Nach Überquerung des Baches wendet man sich bei der nächsten Weggabelung nach links.

In vielen Kehren über einen steilen Berghang zum Rifugio Bertone (1.970 m). Dieser Aufstieg ist nicht unbedingt als angenehm zu bezeichnen, da das Lärmecho des Verkehrs aus dem Tal den Wanderer oft begleitet. Jedoch: sobald der Rücken des Mont de la Saxe erreicht ist, bestechen Ruhe und grandiose Aussicht.

Rifugio Giorgio Bertone, Lorenzo Cosson, ☏ 01 65/84 46 12 + ☏ 893 36, Anfang Juni-Ende Sept., 70 Plätze, Schlafsaal und Zimmer, ✕. Fantastische Unterkunft, tolles Essen, gute Aussicht, HP € 35, Schlafsaal. HP Zi € 50

Val Ferret

Das 12 km lange Tal ist himmlisch, doch leider führt eine Straße hindurch, die eine Wanderung durchaus unangenehm gestalten kann. Hier finden sich idyllische Unterkünfte und Campingplätze, wenn Sie nicht in Courmayeur übernachten wollen. Die Straße zieht sich anfangs steil, dann flacher zum malerischen Dorf **Planpincieux** und an den Weilern **Le Pont** und Tronchey vorbei, dann eben nach **Lavachey**. Es folgt das Talbecken von **Frebouze**, überragt von den wilden Zinnen der **Aiguille des Leschaux**, der **Petits** und **Grandes Jorasses**. Entlang schöner Lärchenbestände folgen die Stadel von **Gruetta** und die Hochfläche von **Arnuva** (Endstation des Busses). Faszinierend ist der Kontrast der beiden Talseiten. Die linke Seite wird beherrscht von ausgezackten Graten, zerrissenen Gletschern, steilen Granitwänden und rauschenden Wasserfällen. Die rechte Talseite ist mit Almwiesen, kleinen Wäldchen und pflanzenbewachsenen Felsen aus hellem Kalk sehr idyllisch.

Umweltschutz wird in Italien anders gehandhabt. Man hat sich die Mühe gemacht, einen Prospekt zu drucken, um das Val Ferret und das Val Veni als autofrei zu vermarkten. Sieht man sich das Faltblatt „Val Ferret und Val Veni meno Auto“ an, fallen zunächst Parkplatzschilder bis zum Talschluss ins Auge, die eher dazu animieren, mit dem Auto zu kommen.

Camping Grandes Jorasses, ☏ 01 65/86 97 08, www.grandesjorasses.com. Hübscher schattiger Campingplatz zwischen Planpincieux und Le Pont direkt am Fluss.

La Grange Meublé in Entrèves, ☏ 01 65/86 97 33, www.lagrange-it.com, DZ mit Frühstück € 50 p.P.

- B&B Dente del Gigante Meublé in La Palud, ☏ 01 65/891 45, www.dentedelgigante.com, DZ mit Frühstück € 45 p.P.
- ♦ Hotel Funivia in La Palud, ☏ 01 65/899 24, www.hotelfunivia.com, Anfang Juni bis Mitte Sept., DZ mit Frühstück € 35 p.P., Schafsaal € 24
- ♦ Locanda Belvedere in Planpincieux, ☏+FAX 01 65/86 97 01, www.locandabelvedere-courmayeur.it, 10 Zimmer ab € 60, HP € 85
- ♦ Hotel Miravalle in Planpincieux, ☏ 01 65/86 97 77, www.courmayeur-hotelmiravalle.it, Juli bis Sept., Zimmer ab € 63
- ♦ Hotel Lavachey, ☏+FAX 01 65/86 97 23, www.lavachey.com, Spezialtarife für TMB-Wanderer, Juni-Sept., 25 Plätze in Schlafsaal und Zimmern, ✕. An der Bus-Endstation.
- ♦ Chalet Val Ferret, Arnuva, ☏+FAX 01 65/84 49 59, www.chaletvalferret.com, 14 Plätze in Zimmern € 55, Anfang Juni- Mitte Okt. ✕

Etappe 6: Rifugio Bertone - Col Sapin - Rifugio Elena

⌛ insg. 6 Std. 45 Min., ↑ 1.298 m, ↓ 1.146 m

- ➔ Rifugio Bertone (1.970 m) - Col Sapin (2.436 m): 2 Std. 15 Min., ↑ 614 m, ↓ 98 m
- ➔ Col Sapin - Pas entre deux Sauts (2.524 m): 1¼ Std. ↑ 264 m, ↓ 176 m
- ➔ Pas entre deux Sauts - Rifugio Bonatti (2.025 m): 1 Std., ↓ 501 m
- ➔ Rifugio Bonatti - Lavachey (1.642 m): 45 Min., ↓ 383 m
- ➔ Lavachey - Rifugio Elena (2.062 m): 1 Std. 30 Min., ↑ 420 m
- ✆ 0039
- Rifugio Bonatti, ☏ 01 65/86 90 55, 335/684 85 78, www.rifugiobonatti.it
- ♦ Rifugio Elena, ☏ 01 65/84 46 88, www.rifugioelena.it
- Tête entre deux Sauts (2.729 m)
- ▷ **Variante G**: Mit dem Bus bis Planpincieux, Wanderung nach Arnuva
- Italienische Karte IGC Nr. 107 (Monte Bianco) und IGN-Karte 3630 OT Chamonix

Sie könnten auch mit dem Bus bis Plancincieux fahren (☞ Variante G, Seite 122), allerdings ist der Abschnitt, der nun von der Bertone-Hütte beginnt, großartig.

Es gibt einen neuen Höhenweg über die Alpe Lèche zum Rifugio Bonatti, der die Etappe etwa um etwa 2 Std. verkürzt und auch weniger Höhenmeter aufweist. Vor allem bei Schlechtwetter und Nebel ist dieser Weg der alpineren Route über den Col Sapin und den Pas entre deux Sauts vorzuziehen.

Die alpinere Route zieht sich zunächst bequem fast eben über den Grasrücken des **Mont de la Saxe,** und Sie können sich ganz den gewaltigen Natureindrücken hingeben. Die Südwand der Grandes Jorasses, zum Greifen nahe der parallel laufende Rochefortgrat gegenüber des Tales, der Dent du Géant - man kann sich nicht satt sehen.

Über die **Testa Bernarda** (2.534 m) und die **Testa della Tronche** (2.584 m) gelangen Sie zum **Col Sapin** (2.436 m). Nun in östlicher Richtung leicht absteigend zur **Alpe de Séchéron** (2.260 m). Folgen Sie dem Pfad nach rechts aufwärts zum **Pas entre deux Sauts** (2.524 m).

➭ Ein kleiner Gipfelabstecher hinauf zum **Tête entre deux Sauts** (2.729 m, ⇔ 1 Std.) lohnt sich, wenn Sie von all der Aussicht noch nicht genug haben - hier finden Sie eine Aussichtskanzel vom feinsten.

Vom Pass wird östlich und dann in großem Bogen nördlich ins **Vallone di Malatrà** abgestiegen. Halten Sie sich auf der linken Seite des Baches und Sie erreichen die Malatrà-Hütten.

Rifugio Bonatti (2.025 m), bei den Malatrá-Hütten, ☏ 01 65/86 90 55 oder 335/684 85 78, 80 Plätze, Zimmer HP € 58, Schlafsaal HP € 43, ✕. Hütte in herrlicher Lage.

☺ Bei schönem Wetter und guter Sicht empfiehlt es sich unbedingt beim Refugio Bonatti nicht direkt nach Lavachey abzusteigen, sondern hangparallel über die Alp Groé, einem Höhenweg *sentier balcon* (Nr. 27) zu folgen und erst kurz vor dem Val de Belle Combe ins Val Ferret abzusteigen (beschildert), empfiehlt Claudia Hanfland.

Bald darauf stoßen Sie auf den Weiler **Lavachey** (1.642 m) und Sie denken vielleicht, in dieser Idylle zu übernachten wäre auch nicht schlecht. (☞ Val Ferret). Dann folgen Sie dem Fahrweg nach rechts bis zur letzten Häuseransammlung **Arnuva.** ✗ Gasthof, hübsch gelegen. Auf der geländewagentauglichen Straße wandern Sie in den Talschluss. Erst langsam ansteigend, dann zunehmend steiler ist bald die Alm **Pré de Bar** (2.361 m) mit der **Elena**-Hütte (2.062 m) erreicht.

Rifugio Elena, ☎ 01 65/84 46 88, 💻 www.rifugioelena.it, 15. Juni bis 15. Sept., 130 Plätze, Schlafsaal und Zimmer, ✗. Alles neu und modern eingerichtet. Duschen sind ausnahmsweise keine Mangelware. Die Hütte thront direkt gegenüber dem Pré de Bar Gletscher am Fuße des Mont Dolent (Dreiländerberg). Zimmer HP € 57, Schlafsaal HP € 42,50

Etappe 7: Rifugio Elena - Champex

⌛ insg. ca. 8 Std., ↑ 892 m, ↓ 1.488 m

➔ Rifugio Elena (2.062 m) - Grand Col Ferret (2.537 m): 1 Std. 45 Min., ↑ 475 m

➔ Grand Col Ferret - Ferret (1.700 m): 2 Std., ↓ 837 m

➔ Ferret - Issert (1.049 m): 2 Std. 45 Min., ↓ 651 m

➔ Issert - Champex (1.466 m): 1 Std. 30 Min., ↑ 417 m

ab Ferret 0041

0039 ab Col Ferret 0041

Alpage de la Peule, ☎ 027/783 32 70

♦ Hotel du Col de la Fênetre/Ferret, ☎ 027/783 11 88

♦ Gîte La Léchère, ☎ 027/783 30 64, 💻 www.lalechere.ch

♦ Hotel Edelweiss/Fouly, ☎ 027/783 26 21, 💻 www.fouly.ch

♦ Auberge des Glaciers, ☎ 027/783 11 71, 💻 www.aubergedesglaciers.ch

♦ Relais d'Arpette/Val d'Arpette, ☎ 027/783 12 21

▷ **Variante H**: Petit Col Ferret

▷ Ferret - Lacs de Fenêtre - Col du Grand St-Bernard

▷ A-Neuve-Hütte, Saleina-Hütte, Orny-Hütte

📖 IGN-Karte 3630 OT Chamonix

Der erste Teil des Aufstiegs hinter der Hütte ist schweißtreibend. Über zahlreiche Kehren windet sich der Pfad zum **Grand Col Ferret**

(2.537 m), im Blickfang immer den Pré de Bar Gletscher und darüber den Mont Dolent, die Gipfelspitze, wo sich die Grenzen der drei Länder Schweiz, Frankreich und Italien treffen.

Dieser Pass war früher eine wichtige Handelsverbindung. Doch da der Übergang von Aosta über den Großen St. Bernhard Pass ins Rhonetal kürzer ist, blieb der Grand Col Ferret von Passstraße, Tunnel und Abgasen verschont. Von hier bietet sich ein herrlicher Überblick über das gesamte Val Ferret.

Wer vom Pass ein Stück dem Grat Richtung **Pointe de Combette** folgt, trifft bald auf eine kleine, geschützte Mulde mit einem winzigem See. Hier bei grandiosem Rundumblick wild zu campen, ist ein Traum für jeden Wanderer. GPS: N 45°53'37/E 007°04'47.

Der Weitermarsch erfolgt nun auf Schweizer Boden. Über saftige Grasmatten windet sich der Pfad abwärts. Für den einen oder anderen mögen die hier weidenden Kühe merkwürdig aussehen. Es sind die berühmten **Eringerkühe**, eine alte Rasse, die nur im Wallis zu finden

Eringerkühe soll man nicht reizen

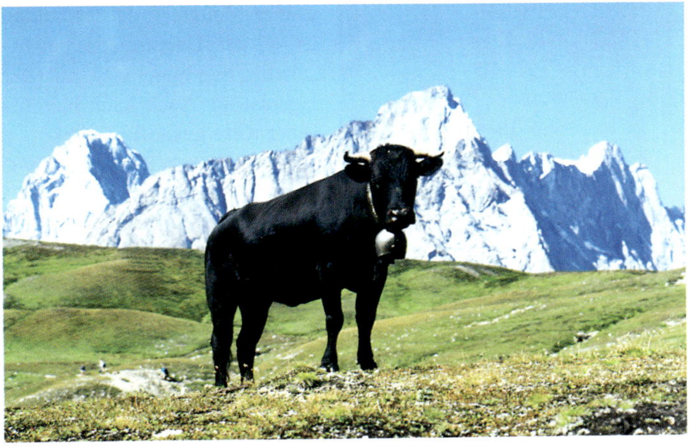

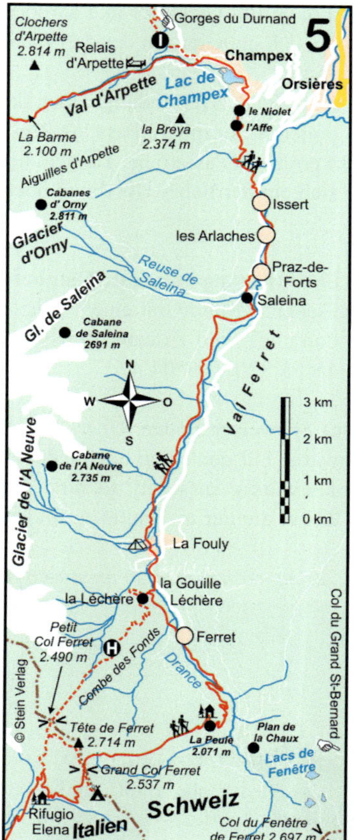

ist. Sie sind rabenschwarz, klein und gedrungen, mit Muskelpaketen bepackt, das Gesicht etwas zerknautscht und kampflustig. Da kann einem bei einer direkten Gegenüberstellung schon anders werden.

Die Kühe werden nicht zur Milchproduktion gehalten. Da sie klug und rauflustig sind, werden sie für Kämpfe eingesetzt, die im Frühjahr und Herbst in verschiedenen Walliser Gemeinden stattfinden. Die entscheidende Frage lautet dann: wer wird „la reine des reines", die „Kuhkönigin der Saison"?

Sie erreichen die Alm von **La Peule** (2.071 m) inmitten üppig grüner Matten. Eine der Hütten ist in der Hauptsaison bewirtschaftet und bietet sich zur Mittagsrast an. Auch kann hier frischer Käse gekauft werden.

Alpage de la Peule, ☏ 027/783 32 70, 30 Plätze im Strohlager, HP € 35

Ein bequemer Schotterweg zieht sich in Kehren hinunter bis zur Talstraße oberhalb von Ferret. Bald ist auch das Dorf erreicht. **Ferret** (1.705 m) ist der letzte Ort des gleichnamigen Tals und nur im Sommer bewohnt. Wer Zeit hat, sollte einen Tag hier bleiben und den lohnenswerten Abstecher zu den **Lacs de Fenêtre** unternehmen.

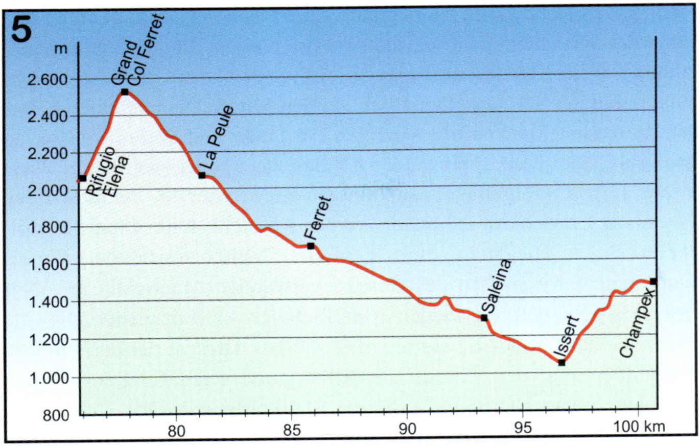

↳ Ferret - Lacs de Fenêtre - Col du Grand St. Bernard

Vom Ende der Talstraße oberhalb Ferrets folgen Sie dem gut markierten Weg zum Col du Grand St. Bernard. Nach drei Bachüberquerungen wird auf einem kleinen Geländebuckel die Alp **Les Ars Dessus** erreicht. Nach der Überquerung des **Torrent des Ars Dessus** und eines weiteren Bergbaches erreichen Sie das weite Gelände der **Alp La Chaux**. Anschließend kommt die Alpsiedlung **Plan de la Chaux**. Im Nordwesten erheben sich die Gipfel des **Trient-** und **Argentière**-Massivs. Je höher man steigt, desto steiler und wilder wird das Gelände. Der Fernblick von den **Lacs de Fenêtre** (2.469 m) ist berauschend: die jäh aufschießenden **Grandes Jorasses**, der nahe Dreiländergipfel **Mont Dolent** und die **Aiguille du Chardonnet**. Bei Windstille spiegelt sich die weiße Bergwelt in den drei kleinen Seen, etwa der imposant gezackte **Grand Golliat** im Südwesten. Von den Lacs de Fenêtre startet nun ein Rundweg über den Col du Fenêtre de Ferret (2.697 m) hinunter zum Großen St. Bernhard Pass (2.496 m). Kurz nach dem Hospiz geht es links hinauf über den **Chemin des Chéraux** (2.716 m) und über den gleichnamigen Pass (2.757 m) kehrt man in 4 Std. zu den Seen zurück. Der Aufstieg von den Seen erfolgt Richtung Süden durch einen rauen Bergkessel. Manchmal verliert sich der Pfad, doch an den Steinmarkierungen kann man sich gut orientieren. Ist der Grat erreicht, stehen Sie im **Fenster de Ferret** (2.697 m) auf der Grenze zwischen Italien und der Schweiz. Der Blick auf den Montblanc und das Val Ferret, an dessen Flanken die winzigen Dörfchen und Weiler kleben, ist großartig. Nun kommt ein steiler Abstieg nach **Baus**, wo Sie der Passstraße aufwärts folgen und nach einigen Kurven den **St. Bernhard See** erreichen. Links darüber können Sie den Aussichtspunkt **Plan de Jupiter** erkennen. Die Steine eines dem Gott Jupiter geweihten Tempels wurden später zum Bau des Hospiz' verwendet. Am westlichen Ufer des Sees gelangen Sie wieder in die Schweiz, 200 m weiter folgt die Passhöhe des Großen St. Bernhard (2.496 m). Dies ist der berühmteste Alpenübergang, den bereits die Kelten und Römer nutzten. Auch Napoleon überschritt ihn mit seinem 40.000 Mann starken Heer.

☺ Geruhsame Variante hochfahren - runterlaufen, vom Val Ferret verkehren via Orsierès täglich Busse zum Gr. St. Bernard („Grand St. Bernard Express").

Idyllischer Seitensprung: Die Lacs de Fenêtre

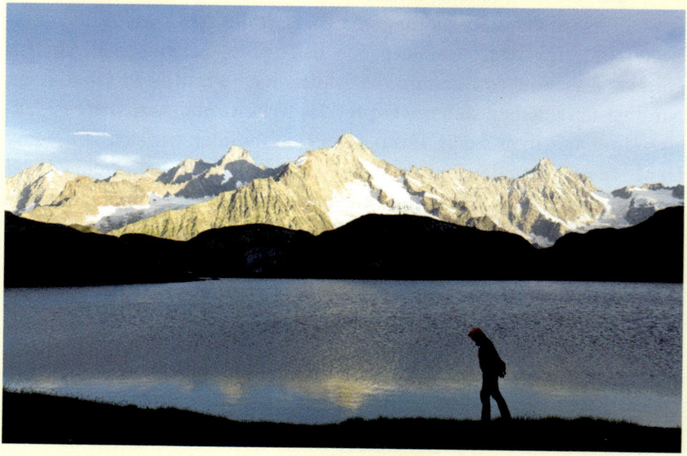

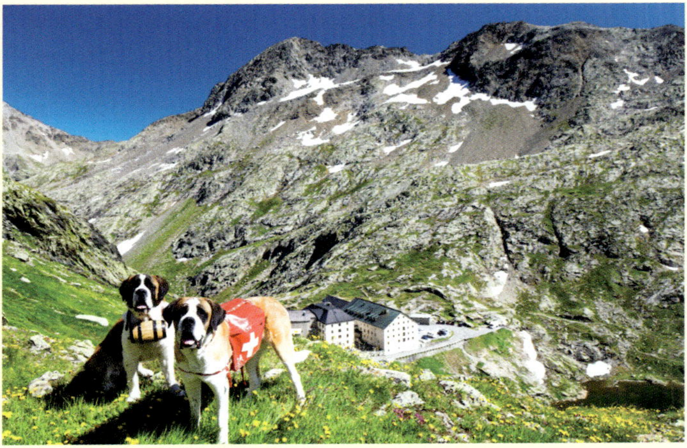

Großer Sankt Bernhard Pass mit Hospiz und Bernhardinern

⌘ Mehr über die Passgeschichte erfahren Sie im Musée du Grand St. Bernard im dortigen Hospiz. Es ist eines der Höchstgelegensten der Welt und wurde im 11. Jh. vom heiligen Bernhard von Aosta gegründet. Hier züchteten einst die Chorherren des Augustinerordens Bernhardinerhunde und bildeten sie zu Lawinenhunden aus (seit 2005 kümmert sich die Fondation Barry in Martigny um die Züchtung und das Wachhalten des Kulturerbes). Eine Ahnung kommt auf, warum fast jeder Schweizer Hund Barry heißt. Vierzig Menschenleben hat der legendäre Barry, der im Jahr 1800 auf dem Pass geboren wurde, gerettet. Heute steht er ausgestopft im Naturhistorischen Museum in Bern (eine Kopie im Hundemuseum in Martigny). Die Kapelle ist mit schönem Chorgestühl (1681) ausgestattet, im Museum ist der wertvolle Kirchenschatz ausgestellt.

🛏 Hospiz du Grand St. Bernard, ☏ 027/787 12 36, 💻 www.gsbernard.ch. Nur Fußvolk darf im Hospiz übernachten, sehr empfehlenswert! Gern geben die Chorherren auch Einblick in ihr Leben.

Rückkehr über den **Chemin des Chéraux** und den **Col des Chéraux** zu den Lacs de Fenêtre und auf gleichem Weg nach **Ferret**.

✞ Sehenswert ist die Kapelle Notre Dame des Neige aus dem Jahr 1707, die in ihrem Inneren eine barocke Madonnenfigur birgt.

- Chalet-Restaurant du Col de Fenêtre, ☎ 027/783 11 88, FAX 783 26 77, Juni bis Anfang Okt., Schlafsaal HP sfr 56, Zimmer HP sfr ab 75, sehr hübsche Gartenwirtschaft.
- ♦ Gîte de la Léchère, umgebauter Alpstall am linken Ufer der Dranse zwischen Ferret und Fouly, ☎ 027/783 30 64, Reservationen ☎ 079/433 49 78, www.lalechere.ch, Anfang Juni bis Ende Sept., 35 Plätze in 4 Schlaflagern, Nacht sfr 25, HP sfr 55

Der mit TMB-Schildern markierte Pfad führt Sie, bei Hitze angenehm schattig, am linken Ufer der Dranse entlang von Ferret weiter bis nach **La Fouly** (1.594 m, GPS: N 45°55'50/E 007°06'15).

In dem Ferienort können Selbstversorger Vorräte auffrischen. Supermarkt und Sportgeschäft sind gleich neben dem Hotel des Glaciers am Ortseingang. Im Holzhäuschen auf dem Platz schräg gegenüber befindet sich das Touristenbüro.

La Fouly

- Office du Tourisme, La Fouly, ☎ 027/783 27 17, FAX 783 33 03, lafouli@st.bernard.ch, www.saint-bernard.ch
- Hotel des Glaciers, ☎ 027/783 11 71, www.aubergedesglaciers.ch, Schlafsaal HP sfr 67, Zimmer HP sfr 95, große Restaurant-Terrasse
- ♦ Hotel Edelweiss, gegenüber der Post, ☎ 027/783 26 21, www.fouly.ch, HP ab sfr 64, mit Sauna
- Kleiner Supermarkt vorhanden
- Camping des Glaciers, ☎ 027/783 18 26, www.camping-glaciers.ch, herrliche Lage mit Blick auf den Glacier de l'A Neuve.

Val Ferret - Espace Mont Blanc

Zwischen 1995 und 1996 ging es turbulent zu, als im helvetischen Val Ferret die ersten Wölfe auftauchten, nachdem sie 100 Jahre zuvor ausgerottet waren. Sie rissen Schafe und wurden zum Abschuss freigegeben. Auch der später eingerichtete Lehrpfad auf den Spuren des Wolfes ist einem Murmeltier- und Eichhörnchen Lehrpfad gewichen. Vom Wolf will man hier nichts wissen, seinen Nachfahren, den Bernhardinerhund, hat man hingegen gerne als Tourismuslabel stehen.

Das Val Ferret, eines der drei Dranse-Täler, die sich bei Martigny vereinen, zählt seit 1990 zum Espace Mont Blanc. Ein Zusammenschluss der Anrainergemeinden rund um den Mont Blanc mit dem Ziel einen nachhaltigen Tourismus zu fördern und die Eigenverantwortung nicht in den Händen ausländischer Investoren zu verlieren. Im Val Ferret scheint die Welt noch in Ordnung, kaum eine Bausünde stört das Auge, historisches Gut, wie die alte Mühle von Issert und die „Raccards du Blé", stehen dem Gast zur Schau.

Frédéric Künzi, der in Praz-de-Forts lebende Kunsthistoriker, hat darüber auch ein Buch geschrieben. Seine Frau bietet Eseltrekking an (💻 www.vagabondane.ch). Der von der Familie des berühmten Bergsteigers Michel Darbellay (er durchstieg als erster Schweizer im Alleingang die Eigernordwand) geführte Campingplatz in La Fouly zählt zu einem der schönsten Campinglätze der Schweiz.

➢ Cabane de l'A Neuve (2.735 m)

⌛ ↑ 3 Std.

Der Aufstieg zur l'A-Neuve-Hütte beginnt direkt beim Campingplatz. Die Unterkunft ist das Urbild einer Hochgebirgshütte, wie man sie heute nicht mehr baut: dicke Mauern, innen alles aus Holz, die Küche mit riesigem Holzofen. Dazu gutes Essen und täglich frisch gebackenes Brot.

🛏 Cabane de l'A Neuve (CAS), ☎ 027/783 24 24, 💻 www.aneuve.ch, 🚪 Ende Juni-Mitte Sept., AV-Mitglieder HP sfr 58, Nichtmitglieder sfr 68

Abkürzung 🚌: Zwischen den Val Ferret-Dörfern bis Orsières und Champex gibt es eine regelmäßige Busverbindung.
Fahrpläne: 💻 www.tmrsa.ch.

Die Wegstrecke von La Fouly nach Champex zeigt einen etwas anderen Charakter als die sonstigen Etappen. Für manche ist die

Wanderung zu still, zu undramatisch. Andere hingegen empfinden diesen Abschnitt als wohltuend entspannend. Aussichtsreiche Balkone wechseln mit dem Talboden ab, dazwischen immer wieder kleine, beschauliche Dörfchen, die zum Bummeln und Entdecken (z.B. alter Dorfofen in **les Arlaches**) einladen.

Sie folgen der TMB-Beschilderung oder gelben Raute weiter am linken Flussufer. Vor dem Campingplatz von la Fouly eröffnet sich ein wunderbarer Blick auf den **Glacier de l'A Neuve**, hoch darüber, am linken Horizont, werden **Aiguille de l'A Neuve** und **Le Tour Noir** sichtbar. Im Auf und Ab führt der Weg durch freie Flächen oder Wald, dann am Fuße einer großen, bewaldeten Moräne (einst vom Saleina-Gletscher abgelagert, steht unter Naturschutz) entlang bis zur Brücke der Reuse **de Saleina** (1.580 m). Von hier kann zur Saleina- oder Orny-Hütte aufgestiegen werden.

Cabane de Saleina (2.691 m)

↑ 4-5 Std., ↓ 3 Std.

Cabane de Saleina (CAS), ☏ 027/783 17 00, Mitte Juni -Mitte Sept.

Anstrengend, aber eine grandiose Aussicht ist gewiss.

⌘ In einem Chalet von Saleina ist ein Museum eingerichtet. Schlüssel im Nebenhaus.

Kurz nach Saleina folgt das hübsche Dörfchen **Praz de Fort** mit den typischen Walliser Häusern, .

Ab jetzt wird die Talseite gewechselt. Der pittoreske Weiler **Les Arlaches** wirkt wie ausgestorben. Dicht drängen sich hier die alten Stein- und Holzhäuser zusammen und bilden schmalste Gässchen. Hier findet sich auch noch ein alter Dorfofen, wo an bestimmten Tagen Brot gebacken wird.

Über eine Brücke wechseln Sie wieder zur linken Talseite und kommen ins Dorf **Issert** (1.049 m). Sehenswert ist die alte Mühle. Ein Gasthaus lädt zur Rast ein. Nach dem Ort folgen Sie links der TMB-

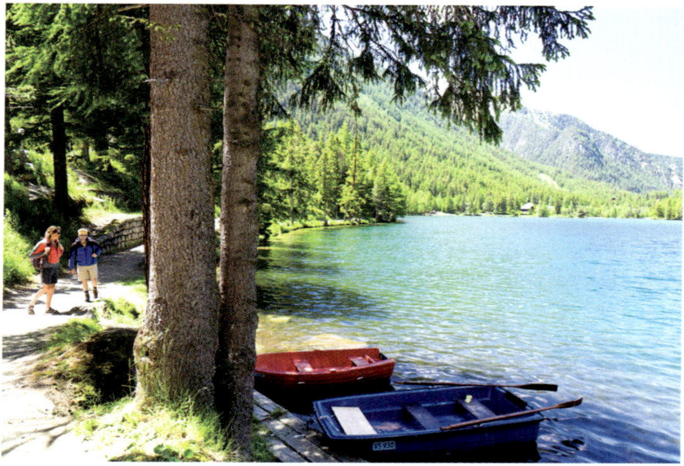

Malerischer Uferweg am Lac de Champex

Beschilderung. Durch Wald ansteigend gelangen Sie an den Hütten Affe und Niolet (1.319 m) vorbei nach **Champex** (1.466 m), die Sommerfrische über dem Taleingang des Val Ferret. Genießen Sie die Umrundung des kleinen **Lac de Champex**, der seine Entstehung Moränenbildungen in der Eiszeit verdankt. In seinem tiefblauen Wasser spiegelt sich der **Grand Combin**.

Champex

- Office du Tourisme, ☎ 027/783 12 27, champexlac@v-sb.ch oder champex@st-bernard.ch. www.saint-bernard.ch
- Busverbindung über Orsières nach Martigny. Fahrpläne: www.tmrsa.ch
- Au Club Alpin, ☎ 027/783 11 61, www.auclubalpin.ch, Schafsaal HP sfr 69, Zimmer HP sfr 101
- ♦ Hotel Belvédère, Champex-Lac, ☎ 027/783 11 14, www.le-belvedere.ch, DZ HP ab sfr 95 p.P.
- ♦ Hotel du Glacier, ☎ 027/782 61 51, www.hotelglacier.ch, DZ mit Frühstück sfr 79 p.P.

Hotel Alpina, ☏ 027/783 18 92, www.alpinachampex.ch, Zimmer ab sfr 75 p.P., zuzügl. HP sfr 40, ein paar Fußmin. außerhalb des Dorfes, direkt am Steilabbruch ins Tal mit grandiosem Blick

♦ Hotel Splendide, ☏ 027/783 11 45, www.hotel-splendide.ch, HP ab sfr 84. Herrschaftliche Villa in fantastischer Aussichtslage gleich neben dem Hotel Alpina.

Camping Les Rocailles, Champex-Lac, ☏ 027/783 19 79, www.champex-camping.ch

Kleiner Frischwarenladen, schlecht sortierter Minisupermarkt

Freibad, ☏ 027/783 26 52, www.piscine-sport.ch, Mitte Juni bis Ende Aug. tgl. 10:00-18:30, sfr 5

Gespenstisch ist ein Besuch der unterirdischen Festung Fort d'Artillerie, Reservierung im Office du Tourisme

☺ Im Alpengarten „Flore-Alpe“ kann man sogar Bergblumen aus dem Himalaya bewundern. ☏ 027/783 12 17, www.flore-alpe.ch, Mai bis Okt. 10:00-18:00, Juli/Aug. jeden Fr bis 20:00, Eintritt sfr 5

☺ Wenn Sie einen Tag an diesem angenehmen Ort verweilen möchten, sollten Sie einen Ausflug in die **Gorges du Durnand** unternehmen. Diese imposante Schlucht ist seit 1877 für Publikum zugänglich. Über 330 Treppenstufen balancieren Sie an schwindelerregenden Steilwänden entlang, die zu 14 Wasserfällen und sprühenden Fontänen führen.

♦ 1. Mai-31. Okt tgl. 9:00-18:00, Eintritt sfr 8, ☏ 027/722 20 77, www.gorgesdudurnand.ch. Richtung Martigny nach Les Valettes

Cabane d'Orny

Die Hütte liegt in einmaliger aussichtsreicher Lage an einem kleinen Moränensee, direkt an der glitzernden Gletscherwelt des Glacier d'Orny. Zur Erleichterung des Aufstiegs kann ein Sessellift genommen werden.

Am oberen Ende des Dorfes, am sog. Col des Champex, beginnt die genussreiche Fahrt, die bis auf 2.188 m hinaufführt, fast bis auf den Rücken der Breya. Von der Bergstation können Sie nun in etwa 2 Std. mit fantastischen Ausblicken zur Orny-Hütte (2.811 m) aufsteigen. Das letzte Stück des Weges folgt der linken Seitenmoräne des Glacier d'Orny.

🛏 Cabane d'Orny (CAS), ☏ 027/783 18 87, 💻 www.cabanedorny.ch, 🚪 Mitte Juni- Ende Sept., AV-Mitglieder HP sfr 61, Nichtmitglieder sfr 71

Am ersten See, wo die alte Hütte stand, hat man einen besonders beeindruckenden Blick auf den steilen Turm des **Petit Clocher de Portalet**.

Der Abstieg zurück zum Sessellift dauert ca. 1 Std., wer in das Val d'Arpette absteigt, benötigt 3 Std.

Etappe 8: Champex - Fenêtre d'Arpette - Trient

⌛ insg. 6 Std. 45 Min., ↑ 1.200 m, ↓ 1.339 m

➔ Champex (1.466 m) - Fenêtre d'Arpette (2.665 m): 4 Std., ↑ 1.200 m

➔ Fenêtre d'Arpette - Trient (1.326 m): 2 Std. 45 Min., ↓ 1.339 m

Col des Ecandies

▷ **Variante I** (Hauptroute): Champex - Bovine - Col de la Forclaz

0041

🛏 Relais d'Arpette, ☏ 027/783 12 21, 💻 www.arpette.ch

♦ Gîte d'étape du Peuty, ☏ 027/722 09 38 oder 079/217 12 62

♦ Gîte La Gardienne, ☏ 027/722 12 40, 💻 www.lagardienne.ch

♦ Relais du Montblanc/Trient, ☏ 027/722 46 23, 💻 montblanc.voila.net

♦ Hotel Col de la Forclaz, ☏ 027/722 26 88, 💻 www.coldelaforclaz.ch

📖 IGN-Karte 3630 OT Chamonix

Diese Route ist alpiner als die Hauptroute über Bovine (☞ Variante I, Seite 124), bei durchschnittlicher Kondition aber gut zu bewältigen. Die Natureindrücke sind spektakulärer, da der Abstieg entlang des faszinierenden Trient-Gletschers erfolgt.

Der erste Abschnitt bis zum Relais d'Arpette bietet ein ganz spezielles, für das Wallis typisches Wandererlebnis, da der Pfad einer Bisse

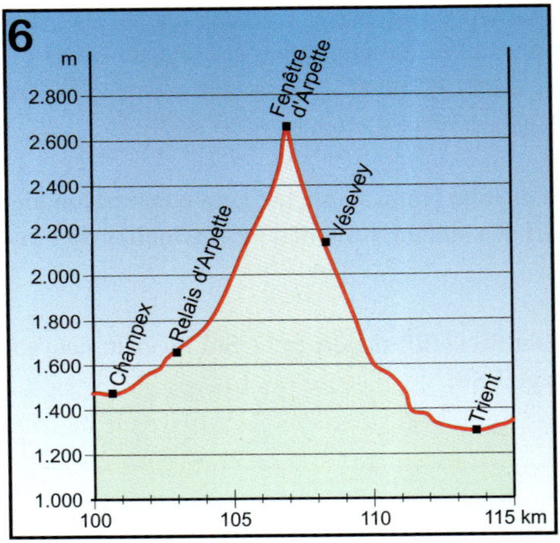

folgt. Wasserkanäle aus Holz, sog. **Bissen**, wurden angelegt, um das Firn- und Gletscherwasser für die winzigen Getreide- und Kartoffeläcker auf den Bergweiden zu nutzen. Dieses uralte Wassersystem galt früher als heilig. Entlang der Bissen (dt.: Suonen) wurden schmale Wege angelegt, um die Wasserleitungen zu kontrollieren und instand zu setzen. Diese Wege eignen sich hervorragend zum Wandern.

Von Champex folgen Sie nicht dem breiten Weg ins **Val d'Arpette**, sondern biegen am Anfang des Waldes nach einer Bachüberquerung rechts ein. Die Route Richtung Arpette ist mit gelber Raute oder weiß-rot-weißer Markierung gekennzeichnet.

Während Sie der Bisse folgen, gibt es einige Abzweigmöglichkeiten, doch bleiben Sie weiterhin am Kanal. Sonnenstrahlen fallen durch die hohen Bäume und zaubern hübsche Lichtreflexe auf dem gurgelnden Wasser der Suone, das in rasanter Geschwindigkeit in das Tal rauscht. Immer wieder laden Bänke zum Verweilen ein.

Sobald Sie auf einen Bach stoßen, überqueren Sie ihn nicht, sondern steigen an seinem linken Ufer weiter aufwärts, bis sich der Wald öffnet und das Relais d'Arpette (1.630 m, GPS: N 46°01'16/E 007°05'30) auftaucht. Diese Herberge zählt wegen der idyllischen Lage und dem Blick auf die sich auftürmenden Bergmassen mit zu einer der beliebtesten Übernachtungsadressen auf der TMB. Üppig gedeihen hier die Heidelbeeren, die im Relais d'Arpette als „Tartelettes aux myrtilles" auf den Tisch kommen.

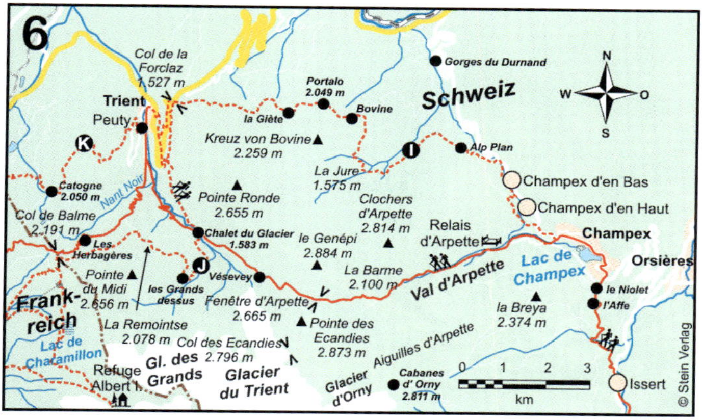

🛏 Relais d'Arpette, Fam. Ropraz-Murisier, ☏ 027/783 12 21, 🚪 1.Juni-30.Sept. sowie die Wochenenden im Okt., 70 Plätze, Schlafsaal, Zimmer, 🍴, Schlafsaal mit HP sfr 66, Zimmer mit HP sfr 85, ⛺ sfr 13,50

Vom Relais windet sich der Weg in den Talschluss des Val d'Arpette. Je höher man steigt, desto wilder und felsiger wird die Szenerie. Im Norden ragen die Zinnen und Türme des Clochers d'Arpette in den Himmel, im Süden die Aiguilles d'Arpette. Beim kleinen Hochtal **La Barme** (2.100 m, GPS: N 46°01'04/E 007°03'22) halten Sie sich rechts.

☞ Col des Ecandies (2.796 m)

⌛ 3 Std.

Von La Barme geradeaus lohnt ein Abstecher ohne Gepäck auf den Col des Ecandies, von wo sich ein beklemmender Eindruck in die zerklüftete Welt des Glacier du Trient bietet.

Der Normalweg führt den rechten Hochtalhang empor durch felsiges Gelände zum **Fenêtre d'Arpette** (2.665 m). Der enge Einschnitt

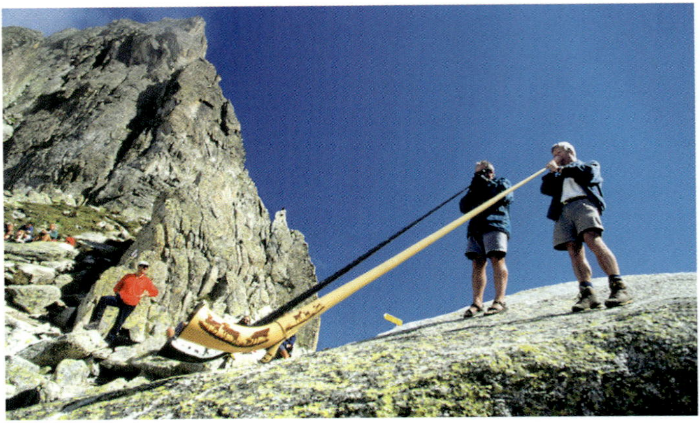

Alphornbläser auf dem Fenêtre d'Arpette

zwischen der Pointe des Ecandies und dem Genépi (so wird auch der süße französische Kräuterlikör genannt) bietet einen unvergesslichen Blick auf die wild zerrissene Gletscherwelt des **Glacier du Trient**.

Der steile Abstieg sieht schwieriger aus als er ist. Labile Knie könnten allerdings Probleme machen. Da er parallel zum östlichen Gletscherrand verläuft und faszinierende Einblicke in den Gletscher bietet, zählt diese Wegstrecke zu einem der großartigsten TMB-Erlebnisse. Die Furchen und Spalten werden immer tiefer, die Séracs höher, die gespaltenen Eismassen wachsen zu haushohen Ungetümen. Wer zuviel schaut, stolpert schnell, denn der steinige Abstieg erfordert Konzentration. Ab den Hütten von **Vésevey** wird der Weg etwas angenehmer.

✕ Eine Verschnaufpause kann man sich dann bei Gletscherblick an der Buvette (nur Essen und Trinken) **Chalet du Glacier** gönnen.

Von dort folgt der Wanderweg wieder einer Bisse, fast eben, mit herrlichen Talblicken auf Trient. Wer bis zum Ende des Weges marschiert, erreicht den **Col de la Forclaz** (1.526 m, ☞ Variante I/J, Seite 124/125). Wer nach **Trient** (1.326 m, GPS: N 46° 03'28/E 007° 59'50)

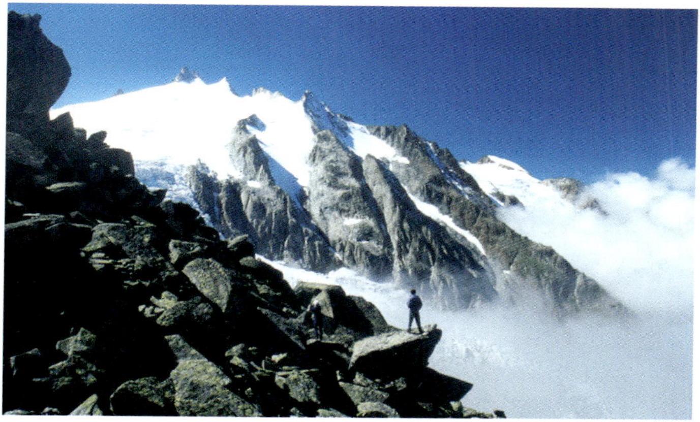

Blick vom Fenêtre d'Arpette auf den Trientgletscher

hinunter möchte, hat vorher zweimal die Möglichkeit, vom Suonenweg links abzubiegen. Eine andere (weniger attraktive) Variante bietet sich kurz nach dem Chalet du Glacier: links über die Brücke auf die andere Talseite und entlang der einfachen Fahrstraße nach Trient. An dieser Brücke beginnt auch eine Aufstiegsvariante zum Col de Balme (☞ Variante J, Seite 125).

Trient

- ℹ Office du Tourisme, ☏ 079/273 15 11, ✉ info@trient.ch, 💻 www.trient.ch
- 🚌 Busverbindung Martigny - Col de la Forclaz - Trient - Le Châtelard/Frontière Fahrpläne: 💻 www.tmrsa.ch
- 🛏 Gîte d'étape Le Peuty, Frédéric Cappi, ☏ 079/217 12 62 oder 027/722 09 38, 🚪 Mitte Juni-15. Sept., 37 Schlafsaalplätze, Selbstversorgerküche, Nacht sfr 10
- ♦ Gîte La Gardienne, Angela und Pierre-Alain Cappi, ☏ 027/722 12 40, 💻 www.lagardienne.ch, 🚪 ganzjährig, 18 Plätze im Schlaflager, Selbstversorgerküche, Nacht sfr 25, B&B sfr 35, HP sfr 62
- ♦ Relais du Montblanc, ☏ 027/722 46 23, 💻 montblanc.voila.net, Schlafsaal HP sfr 57, Zimmer sfr 67, gleich daneben der einzige 🛒
- ✞ Neogotische Kirche, 🚪 8:00-18:00

Etappe 9: Trient - Col de Balme - Tré-le-Champ

⌛ insg. 5 Std., ↑ 1.069 m, ↓ 978 m

➔ Trient (1.326 m) - Col de Balme (2.191 m): 2 Std. 30 Min., ↑ 865 m

➔ Col de Balme - Aiguillette des Posettes (2.201 m): 1 Std., ↑ 204 m, ↓ 194 m

➔ Aiguillette des Posettes - Tré-le-Champ (1.417 m): 1 Std. 30 Min., ↓ 784 m

▷ **Variante J**: Col de la Forclaz - Les Grands - Col de Balme

▷ **Variante K:** Trient - Vallorcine - Col des Montets

Col de Balme - Refuge Albert I

0041, ab Col de Balme 0033

Refuge du Col de Balme, ☎ 04/50 54 02 03

♦ Gîte La Boerne/Tré-le-Champ, ☎ 04/50 54 05 14, www.la-boerne.fr

IGN-Karte 3630 OT Chamonix

Von Trient aus haben Sie zwei Möglichkeiten (☞ Variante K, Seite 126). Über **Peuty** geht es durch den Talboden von Trient bis an den Fuß der großen Rinne des Nant Noir, die vom Col de Balme herabzieht. Weiter über den Schuttkegel des Nant Noir, dann führt der Pfad in einen Wald, wo er sich in steilen Kehren nach Tsanton des Aroles hinauf schraubt.

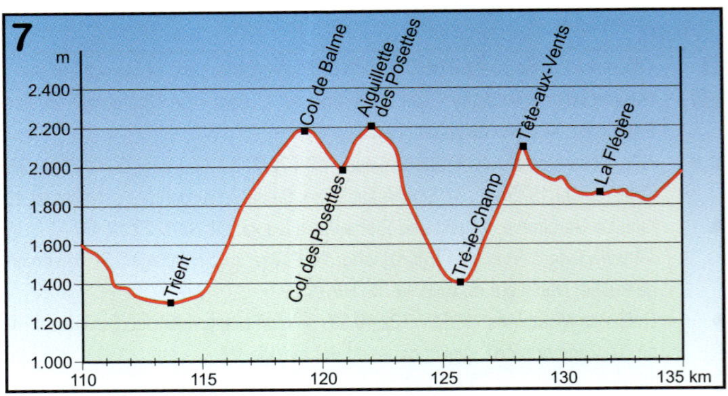

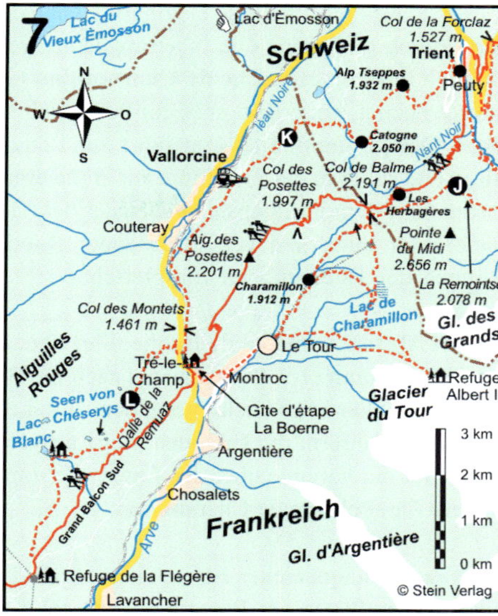

Hier bleibt man auf dem nach rechts führenden Weg. Nur noch allmählich ansteigend führt er über Almgelände bis zu den Hütten von **Les Herbagères**.

In Serpentinen aufwärts erreichen Sie den **Col de Balme** (2.191 m), die schweizerisch-französische Grenze. Früher war der Weg ein Schmugglerpfad der Chamoniarden.

Schon Goethe soll von hier den Blick ins **Arvetal** gepriesen haben. Zu Füßen liegt das Tal von Chamonix, rechts eingerahmt von den **Aiguilles Rouges**, links vom Massiv der **Aiguille Verte** und der **Aiguilles du Dru**, im Hintergrund überragt von der Montblanc-Kuppe und der **Aiguille du Goûter.**

Refuge du Col de Balme, ☏ 04/50 54 02 33, Mitte Juni-Mitte Sept., 20 Plätze, ✕, die Küche kann benutzt werden.

Zwar ist die Gaststube sehr urig mit schmiedeeisernem Ofen, doch der Service ist schon legendär unfreundlich.

Col de Balme - Refuge Albert I.

Col de Balme (2.191 m) - Refuge Albert I. (2.702 m): 2 Std. ↑ 511 m

Refuge Albert I. - Talstation Le Tour (1.470 m): 2-3 Std. ↓ 1.232 m

Refuge Albert I., ☏ 04/50 54 06 20, 6. Juni-20. Sept., Nacht AV-Mitgl. € 8,50, Nicht-Mitgl. € 17 + HP € 22

Nicht nur die Hütte liegt einzigartig, auch der Aufstieg ist leicht und führt durch großartige Gletscherumgebung.Vom Col de Balme halten Sie sich links bis zum **Lac de Charamillon** (2.271 m). Der See ist oft ausgetrocknet, hinterlässt aber ein Sumpfgebiet mit vielfältiger Alpenflora. Der gut markierte Weg führt zur Randmoräne des **Glacier du Tour** und steigt in der Fall-Linie zur Hütte empor. Die Refuge Albert I. thront über dem nördlichsten Gletscher des Montblanc-Massivs. Oben bietet sich Ihnen ein beeindruckender Rundblick auf die Aiguilles Rouges, den Buet und den Tourgletscher.

Der Abstieg vom Col de Balme führt über die Seilbahn-Mittelstation **Charamillon** (1.912 m) abwärts nach **Le Tour** (1.453 m) und ist ein Klassiker, allerdings nicht besonders attraktiv (häufige Belästigung von MTB-Fahrern, die auch den Weg „ausgehöhlt" haben). Ein Leser empfiehlt die Variante über den Lac de Charamillon mit Übernachtung in der Gîte d'alpage de Charamillon.

Abwechslungsreicher ist es, über den **Col des Posettes** (1.997 m) auf die **Aiguillette des Posettes** (2.201 m) zu steigen. Sie liegt genau in der Achse des Tals von Chamonix und bietet 360°-Panoramablick. Anschließend wandern Sie über den Kamm der **Frettes**, der die Täler von Chamonix und Vallorcine trennt, zum **Tête du Chanavier** (1.927 m). Genießen Sie den Blick auf den **Montetspaß**.

Durch eine Heidelandschaft mit Rhododendren und Preiselbeeren gelangen Sie zur Almhütte von **Chaleyre.** Von hier können Sie wahlweise links nach Le Tour absteigen oder rechts zwischen Lärchen hindurch zum Parkplatz am Waldlehrpfad des **Col des Montets** gehen. Ein kurzes Stück die Passstraße abwärts ist schnell **Tré-le-Champ** (1.417 m) erreicht.

- Gîte d'étape La Boerne, Tré-le-Champ, Gilbert Mugnier, ☏ 04/50 54 05 14, www.la-boerne.fr, ganzjährig, 29 Plätze, ✕, HP € 40
- ♦ Chalet Alpin du Tour, in Le Tour, ☏ 04/50 54 04 16, www.chaletalpindutour.fr, Ende März-Sept., 83 Plätze in 2-5 Pers.-Zimmern, ✕, Nacht AV-Mitgl. € 11,30, Nicht-Mitgl. € 16,20 + HP € 22

♦ Gîte d'alpage de Charamillon, ☏ 04/50 54 17 07, 15. Juni - 15. Sept., 20 Plätze in 4 Schlafsälen, ✗, Küche kann benutzt werden, HP Lager € 36. Empfehlenswerte Küche, schwärmt ein Leser. Es ist noch unsicher, ob die Gîte im Sommer 2012 geöffnet ist.

Camping, Chalet Pierre Semard, 400 chemin des Frasserands, Montroc, ☏ 04/50 54 00 29, www.chalet-hotel-psemard.com, Juni bis Mitte Sept.

Der Bahnhof von Montroc ist nur 15 Min. zu Fuß entfernt.

Etappe 10: Tré-le-Champ - Tête-aux-Vents - La Flégère

⌛ insg. 4 Std., ↑ 715 m, ↓ 255 m

➔ Tré-le-Champ (1.417 m) - Tête-aux-Vents (2.130 m): 2 Std. 30 Min., ↑ 713 m

➔ Tête-aux-Vents - La Flégère (1.877 m): 1 Std. 30 Min., ↓ 255 m

0033

Refuge de la Flégère, ☏ 06/03 58 28 14

♦ Refuge-chalet du Lac Blanc, ☏ 04/50 53 49 14

▷ **Variante L**: Grand Balcon Sud über den Lac Blanc

▷ **Col des Montets**

IGN-Karte 3630 OT Chamonix

Der erste Abschnitt bis Tête-aux-Vents zählt zu einem der lohnendsten Aufstiege im Tal von Chamonix, obwohl auf kurzer Distanz ein großer Höhenunterschied überwunden werden muss. Für den völlig problemlos zu bewältigenden Klettersteig an der Aiguillette d'Argentière sollte man jedoch besser schwindelfrei sein.

Der Weg beginnt am kleinen Parkplatz oberhalb des Weilers **Tré-le-Champ** (1.417 m). Die zunächst nur leichte Steigung nimmt allmählich zu. Bei einer Weggabelung halten Sie sich rechts und gelangen bald darauf unter beeindruckende Felswände, auch **Dalle de la Remuaz** genannt.

Parallel zum Fels windet sich der Pfad zur kleinen Felsnadel der **Aiguillette d'Argentière**. Hier und an den nahen Steilwänden kann

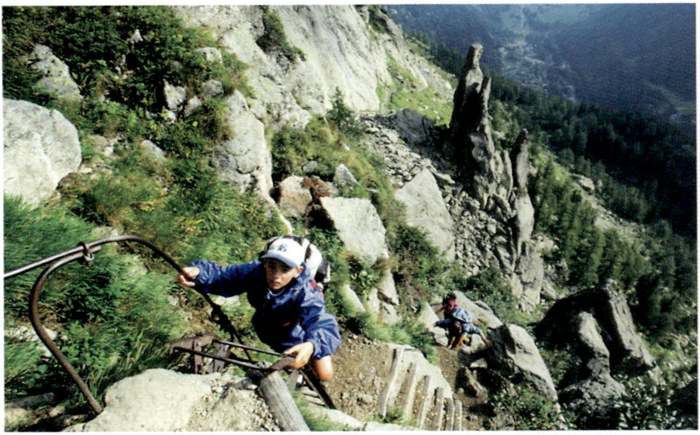

Ein Klettersteig ähnlicher Abschnitt führt durch die Aiguillette d'Argentière

man oft Kletterkünstler beobachten. Unmittelbar hinter der Felsnadel beginnt ein einfacher Klettersteig, wo Sie sich über Eisenleitern in die Höhe hangeln müssen. Faszinierend sind die Steilblicke tief ins Tal auf das Dorf Argentière.

Nachdem Sie den Klettersteig überwunden haben, taucht nach kurzer Zeit die große Steinpyramide des **Tête-aux-Vents** (2.130 m) auf.

Hier gabeln sich die Wege. Geradeaus aufwärts könnte man in ungefähr 40 Min. den **Lac Blanc** (☞ Variante L, Seite 127, unbedingt lohnenswert!) erreichen, der Weg rechts zieht sich als letzter Abschnitt des Grand Balcon Sud zum **Col des Montets** (☞ Variante L).

Wenden Sie sich nach links, die Richtung, in die der Wegweiser **La Flégère** (2 Std.) und **Le Brévent** (5 Std.) ankündigt.

Sie wandeln nun auf dem **Grand Balcon Sud**, dem berühmtesten und aussichtsreichsten Panoramaweg von Chamonix, der sich zwischen der Waldgrenze und Felswänden aus rotbraunem Gneis über die lichtüberflutete Sonnenterrasse hoch über dem Arvetal nahezu eben bis Planpraz, der Gondelmittelstation zum Brévent, erstreckt. Fast über 15 km zieht er sich entlang der **Aiguilles Rouges** (☞ Naturschutz) und bietet einen einmaligen Ausblick über das nördliche Montblanc-Massiv und seine unzähligen schneebedeckten Gletscher.

An der Sennhütte **Chalet des Chéserys** (1.998 m) vorbei windet sich der Pfad bis zur Seilbahnstation **La Flégère** (1.877 m).

Genau in der Verlängerungslinie von Flégère liegt das **Eismeer** (*Mer de Glace*), und man soll von hier auf 13 weitere Gletscher blicken können (ich selbst habe sie nicht gezählt).

Wer hier seine Umrundung beenden möchte, ist per Seilbahn schnell in Chamonix.

Refuge de la Flégère, ☏ 06/03 58 28 14, außerhalb der Saison ☏ 04/50 55 85 88, 15. Juni-Sept., 80 Plätze (4 Schlafsäle, 6 Zimmer), ✕, Selbstversorgerküche, HP € 48

☺ Wer ein Fan von landschaftlichen Farbstimmungen ist, sollte noch vor Sonnenaufgang aus der Berghütte treten; dann, wenn es noch dunkel ist, aber die Bergumrisse langsam heller werden. Nur für einen kurzen Augenblick scheint die Schneekuppe des Montblanc erst zu leuchten, dann zu glühen.

Etappe 11: La Flégère - Le Brévent - Refuge Bel Lachat

⌛ insg. 4 Std. 15 Min., ↑ 713 m, ↓ 454 m

➔ La Flégère (1.877 m) - Planpraz (2.080 m): 2 Std., ↓ 65 m, ↑ 268 m

➔ Planpraz - Brévent (2.526 m): 1 Std. 30 Min., ↑ 445 m

➔ Brévent - Bel Lachat (2.136 m): 45 Min., ↓ 389 m

▷ **Variante M**: Flégère - Lac Cornu - Lacs Noirs - Planpraz

✆ 0033

Refuge de Bel Lachat, ☏ 04/50 53 43 23

IGN-Karte 3630 OT Chamonix und 3531 OT St-Gervais oder (besser) 3530 OT Samoens

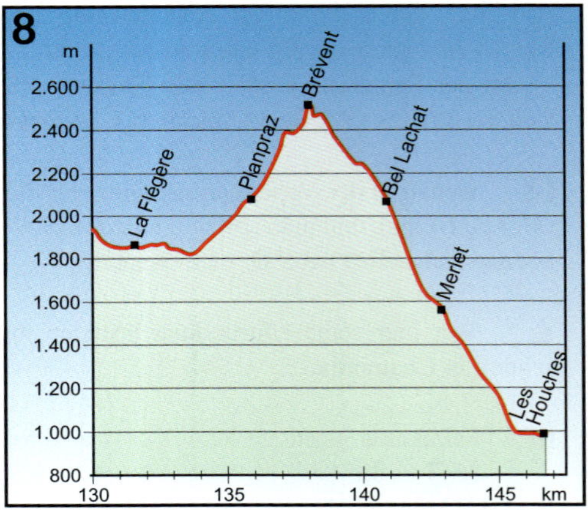

An Wochenenden sollten Sie den Abschnitt bis **Planpraz** entweder in den frühen Morgenstunden begehen oder ganz meiden. Er zählt zum beliebtesten Teil des Grand Balcon Sud, denn es gibt keine Anstiege, dafür die besten Ausblicke.

Auf halber Strecke queren Sie die Alm **de Charlanon** (1.812 m). Zwischen großen Felsbrocken finden sich hier hübsche Plätze zum Zelten. Außerdem gibt es eine gefasste Quelle. Hier treffen Sie auch auf die Wegabzweigung zum **Lac Cornu** und den **Lacs Noirs** (☞ Variante M, Seite 128).

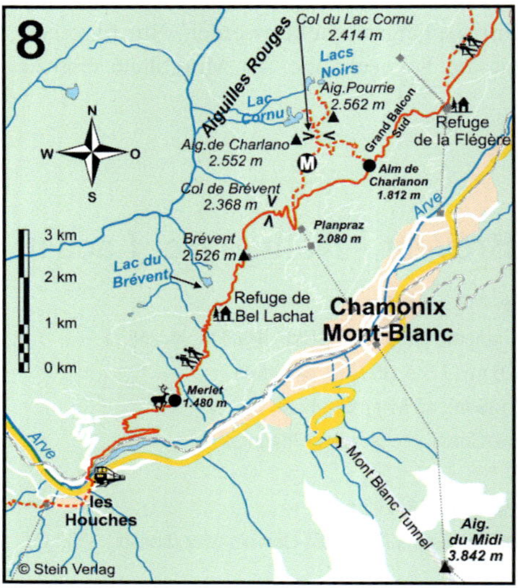

Planpraz (2.080 m) ist die Mittelstation der Seilbahn zum Brévent. Wer die Umrundung abbrechen möchte, fährt ins Tal nach Chamonix zurück, wer diese Etappe abkürzen möchte, lässt sich zum Brévent hinauf befördern.

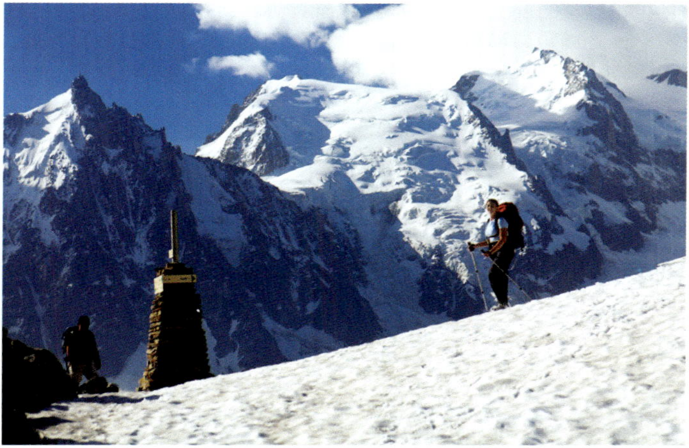

Am Col de Brévent empfängt die Wucht des Mont Blanc

Auf einer kleinen Kuppe hinter der Mittelstation beginnen mehrere Wandermöglichkeiten. Wählen Sie die Richtung zum **Col de Brévent** (2.368 m). Wenn Sie den Pass erreicht haben, folgen Sie auf der Westseite des Bergkamms einem Pfad, der gemächlich ansteigend zum **Brévent**-Gipfel (2.526 m) führt (☞ auch 📷 Seite 116-117).

Nachdem Saussure auf den Brévent gestiegen war, schrieb er: „Ich war noch nicht an so ein großartiges Schauspiel gewöhnt ... diese Sicht hat in meinem Gedächtnis einen unvergänglichen Eindruck hinterlassen ...“.

Der Brévent gilt als *der* Aussichtsberg im Tal von Chamonix, denn hier erwartet den Wanderer der wohl großartigste Einblick in die gesamte Westhälfte der Montblanc-Nordseite, verstärkt durch die riesigen Gletscher, die von seinem Gipfel ins Tal fließen. Eine Rast auf der Restaurant-Terrasse der Bergstation legt hier sicherlich jeder ein.

Vom Gipfel steigen Sie auf der Westseite des Kamms der Aiguilles Rouges bequem in nur 45 Min. hinab zur **Bel Lachat-Hütte** (2.136 m). Die TMB-Route ist hier mit dem GR 5 identisch.

Refuge de Bel Lachat, Paulette Balmat, ☏ 04/50 53 43 23, außerhalb der Saison ☏ 50 53 46 99, refuge.bellachat@gmail.com, Ende Juni-15. Sept., 30 Plätze in 3 Schlafsälen, ✕, HP € 41

Unterwegs zweigt rechts ein gelb markierter Pfad zum Lac du Brévent (2.127 m) ab, ein lohnender Abstecher, nicht nur wenn Sie schwarzblaue Wasserspiegel mögen.

Wer lieber in einem Hotel von Les Houches übernachten möchte und noch Kondition hat, kann in 2 Std. schnellen Abstiegs das Dorf erreichen.

Etappe 12: Refuge Bel Lachat - Merlet - Les Houches

insg. 3 Std., ↓ 1.156 m

→ Bel Lachat (2.136 m) - Merlet (1.580 m): 1 Std. 30 Min., ↓ 556 m

→ Merlet - Bahnhof Les Houches (980 m): 1 Std. 30 Min., ↓ 600 m

IGN-Karte 3531 OT St.-Gervais oder 3530 OT Samoens.

0033

Von der Refuge Bel Lachat nehmen Sie nicht den Steilabstieg nach Moussoux in östlicher Richtung, sondern folgen weiterhin in südwestlicher Richtung dem GR 5, bis Sie zu den zwei Weilern von **Merlet** (1.480 m) gelangen. Hier gibt es einen interessanten Wildpark.

Parc Animalier de Merlet mit Gämsen, Damhirschen, Mufflons, Murmeltieren, Steinböcken und sogar Lamas, ☏ 04/50 53 47 89, Mai-Sept. 10:00-18:00, Juli/August 9:30-20:00, Eintritt € 6, www.parcdemerlet.com

An der Kapelle nach dem zweiten Weiler dreht der Weg leicht nach Süden ab und Sie erreichen den Waldgürtel. Kurz darauf taucht die Christus-Statue (*Christ Roi*) auf. Diese 14 m hohe Stahlbetonkonstruktion des Bildhauers Serraz birgt im 6 m hohen Sockel eine Kapelle. Im Inneren führt eine Treppe empor.

In Serpentinen geht es weiter hinab bis zur **Arve**, wo sich der Bahnhof von **Les Houches** befindet. Werfen Sie noch einen letzten Blick auf den Montblanc, bevor Sie in den Zug einsteigen.

Les Houches

- ℹ Office du Tourisme, ☎ 04/50 55 50 62, ✉ info@leshouches.com, 🖳 www.leshouches.com
- 🛏 Reservationszentrale, ☎ 04/50 55 51 71, FAX 50 55 53 81, ✉ reservation@leshouches.com
- ♦ Hotel Beau Site im Zentrum, ☎ 04/50 55 51 16, 🖳 www.hotel-beausite.com, Zimmer ab € 67
- ♦ Gîte Tupilak, Route de Coupeau, ☎ 04/50 54 56 66, 🖳 www.tupilak.com, 28 Plätze, Nacht € 20 + HP 18. Hübsches Chalet, Treffpunkt der Kletterszene.
- ♦ ☞ siehe auch Etappe 1
- ⛺ Camping Belevue, ☎ 04/50 54 42 30

Routenvarianten

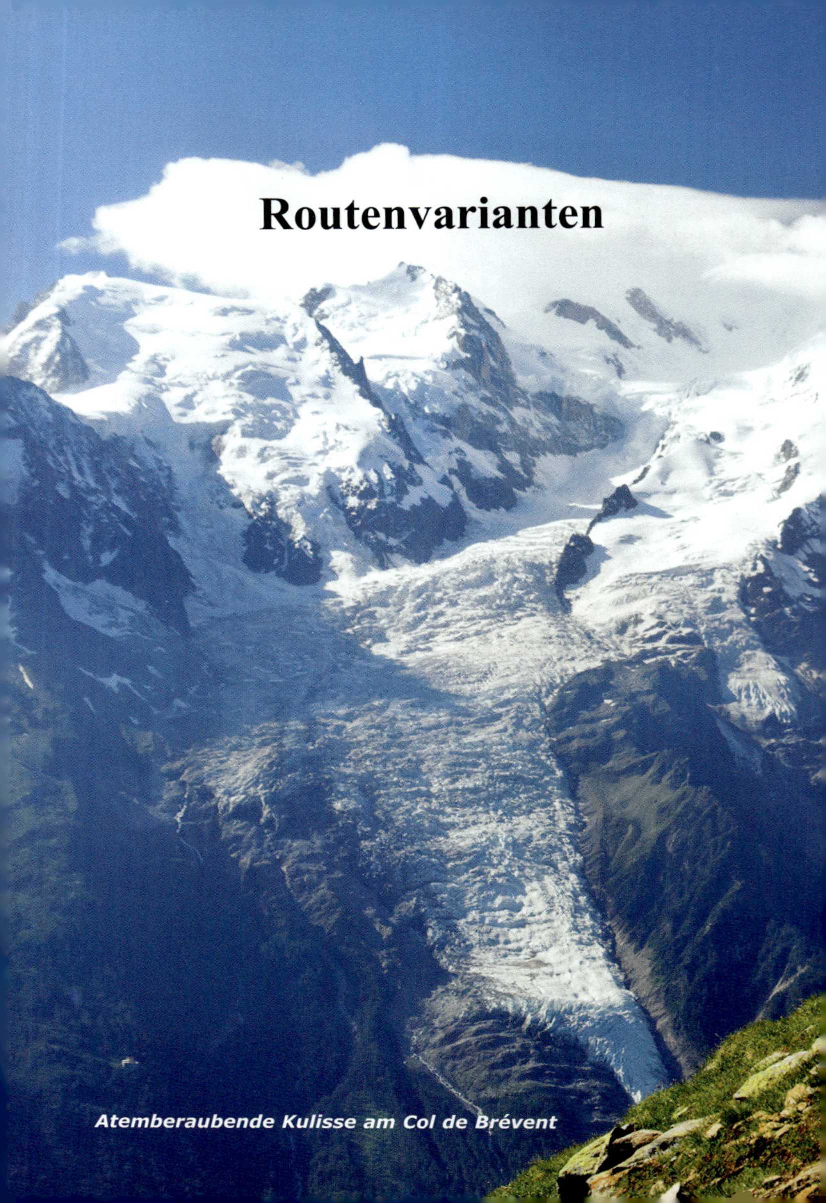

Atemberaubende Kulisse am Col de Brévent

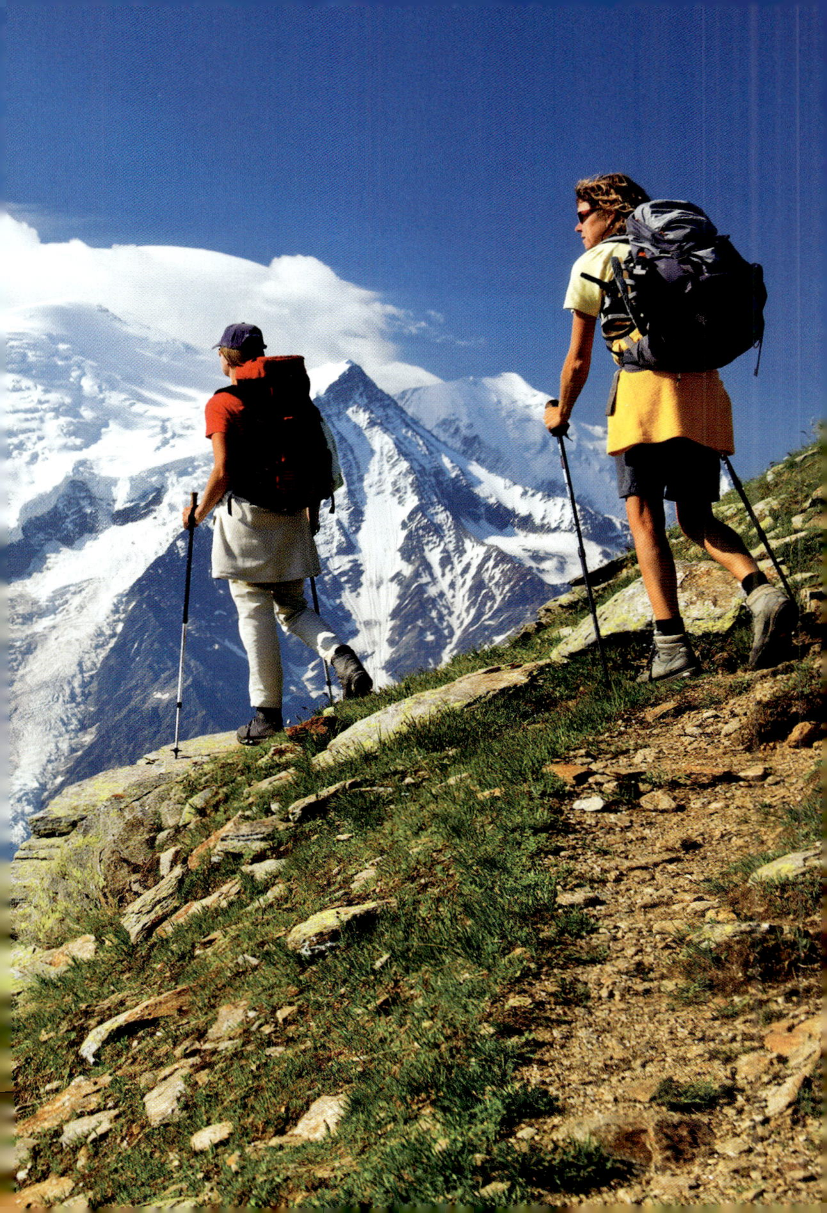

▷ Variante A-1 (Hauptroute)

Col de Voza - Bionnassay - Tresse - Les Contamines

📖 Karte 1 Seite 70

Vom Col de Voza überquert man die Gleise der Tramway du Montblanc und folgt dem GR 5 (E 2) in südlicher Richtung. Vorbei an den Hütten von **Abanel** kommen Sie zum Weiler **Le Crozat** (1.413 m) und folgen dann einem Fahrsträßchen bis in den idyllischen Ort **Bionnassay**.

Refuge-auberge de Bionnassay, ☏ 04/50 93 45 23 oder 06/86 07 91 70, 1. Juni-Ende Sept., Zimmer (18 Plätze, HP € 37) und Lager (20 Plätze, HP € 29)

Von der Kirche wenden Sie sich ostwärts in Richtung des **Glacier de Bionnassay** und in weitem Bogen über den Gletscherbach. Nach der Brücke haben Sie einen fantastischen Blick auf das Tal von **Sallenches**.

Westwärts führt der Weg ins Tal hinunter bis zum Weiler **Le Champel**, wo Sie sich in Richtung Süden orientieren, um ins Tal von **Contamines** zu gelangen.

Bei klarem Wetter hat man einen ausgedehnten Weitblick über das Tal bis zum **Col de Bonhomme**.

Ab **la Villette** folgen Sie der Fahrstraße, und über **la Gruvaz** geht es bis **Tresse**. Nach der Flussüberquerung setzen Sie die Wanderung teils über Fußwege, teils über Fahrstraße bis **Les Contamines** (1.161 m) fort.

▷ Variante A-2 (TPMB)

Chalets du Truc - les Granges de la Frasse - Hôtel de Tré la Tête - Alp de Nant-Borrant

⌛ insg. 4 Std. 30 Min., ↑ 930 m, ↓ 1440 m

📖 Karte 1 Seite 70

Eine Fahrpiste führt von den **Chalets du Truc** zu den **Granges de la Frasse**. An der Wegesgabelung weiter nach links auf der Höhe bleibend. Teilt sich der Weg hat man die Möglichkeit entweder links über den Lac d'Armancette oder rechts durch die Combe d'Armancette aufzusteigen und dem großartigen Panoramaweg „Chemin Claudius Bernard" zu folgen.

Vom Hôtel de Tré la Tête, 1.970 m, lohnt sich ein Abstecher zur Gletscherzunge des **Glacier de Tré la Tête**.

Hôtel/Refuge de Tré la Tête, ☏ 04/50 47 01 68, www.trelatete.com, Ende März-Ende Sept., 85 Plätze, Schlaflager HP € 40, Zimmer HP € 50

Vom Hôtel de Tré la Tête südwestlich folgt der Pfad noch ein Stück der Höhenlinie und führt dann steil hinunter zur **Alp de Nant-Borrant**, wo man wieder auf die Hauptroute trifft, der nach links gefolgt wird. Zur Übernachtung empfiehlt es sich, noch etwa eine Dreiviertel Stunde bis zum Refuge de la Balme aufzusteigen.

▷ Variante B

Refuge de la Croix du Bonhomme - Les Chapieux

⌛ 1 Std. 30 Min.

Karte 2 Seite 76

Zunächst nur mäßig, dann immer steiler führt der Pfad abwärts zu den Almhütten von **Pian Varraro** und **La Raja**. Ab dann wird der Weg breiter und knieschonender. **Les Chapieux** (1.550 m) steht am Anfang des tiefen Gletschertales, das sich zum Col de la Seigne hinaufzieht.

Auberge-refuge de la Nova, ☏ 04/79 89 07 15, Anfang Mai-Ende Sept., 3 Schlafsäle für insg. 70 Pers., 15 Zimmer, ⛺ ✕, Selbstversorgerküche. Übernachtung Lager HP € 38, Zimmer HP € 47-50, www.refugelanova.com

Kleiner Laden neben der Auberge mit Brot, Käse, Wurst-Angebot

Da die Talwanderung von Les Chapieux bis Ville des Glaciers nicht als besonders attraktiv zu bezeichnen ist, nehmen viele den Navette-Service der Auberge an.

⌛ Von Les Chapieux 2 Std. bis zum Refuge des Mottets

▷ Variante C

Balme - Lacs Jovet - Refuge Robert Blanc - Mottets

⌛ 8 Std. ohne Refuge-Abstecher ca. 6 Std. 30 Min.

🕮 Karte 2 Seite 76

Vom Refuge de la Balme (1.706 m) folgen Sie der TMB-Markierung bis Plan Jovet. Danach wenden Sie sich nach links und gelangen zu den Lacs Jovet (2.174 m), die durch fantastische Lichtspiegelungen begeistern.

Bis zum Col d'Enclave (2.672 m) sind es etwa 3 Std., ↑ 966 m. Von dort erreichen Sie in 1 Std. 45 Min. den Bach Lanchettes (2.440 m). Am Bach führt eine Abzweigung zur Refuge Robert Blanc (2.750 m), ⇔ 1 Std. 45 Min., ↑ 310 m, ↓ 310 m.

Refuge Robert Blanc, ☏ 04/79 07 24 22, ab 1. Mai Wochenenden sowie tgl. Mitte Juni bis Mitte Sept., Übernachtung € 12,25, HP € 36,25

Die Refuge les Mottets (1.870 m) ist nach weiteren 2 Std. erreicht.

▷ Variante D

Val Veni

🕮 Karte 3 Seite 81

Wer durch die Talsohle des Val Veni wandern möchte, hat die Möglichkeit, anstatt längs der vielbefahrenen Hauptstraße den Fußpfad auf der gegenüberliegenden Talseite zu nutzen. Bei dieser Talwanderung bieten sich wunderschöne Einblicke in die Bergwelt der Montblanc-Südseite, die hier jäh ins Tal abfällt.

Beim Hotel Purtud existierte einst ein herrlicher Naturpark. Der gewaltige Felssturz von 1920 hat ihn zunichte gemacht. Ab hier muss man sich wieder mit der Straße begnügen.

Berühmt ist die Wallfahrtskirche **Notre Dame de la Guérison**, die 1820 durch das Vorrücken des Brenvagletschers zerstört wurde. An höherer Stelle wurde sie wieder aufgebaut und 1867 eingeweiht. Genießen Sie von hier den letzten Nahblick: auf den **Brenva**-Gletscher, auf die wilden Grate der **Grandes Jorasses**, der **Aiguille de Rochefort**, des **Dent du Géant** und des **Grand Flambeau**, wo die Seilbahn zum **Vallée Blanche** hinüberschwebt. Die Straße biegt nun steil nach Süden ab zum Zusammenfluss der **Doire de Veni** und **Doire de Ferret**. Der Name des dazwischenliegenden Dorfes **Entrèves** bedeutet „zwischen den Wassern“.

Entrèves am Schnittpunkt von Val Veni und Val Ferret

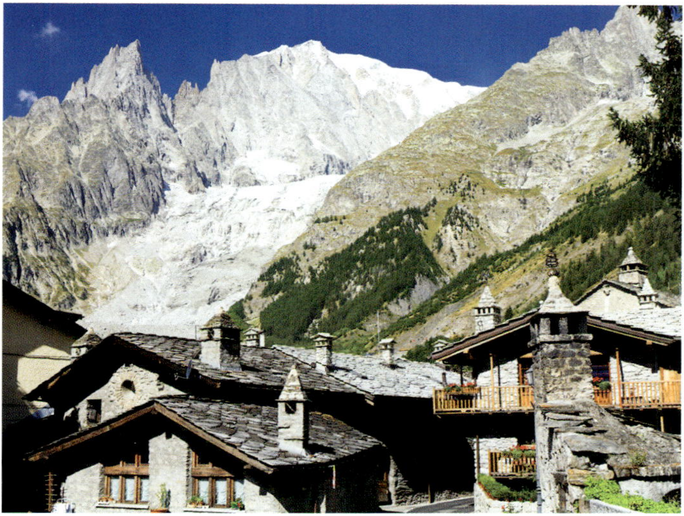

⌛ Lac Combal - Cormayeur ca. 4 Std., ➲ ca. 10 km

⛺ Camping Monte Bianco La Sorgente, zwischen Purtud und Peuterey, auch Schlaflager und Bungalows, ☏ 01 65/86 90 89, 💻 www.campinglasorgente.net

♦ Gîte-camping Val Veni, Enzo Pellina, ☏ 01 65/893 72 oder 84 15 59, 15 Plätze, ✕, Selbstversorgerküche

🛏 Hotel Purtud Dipendenza, ☏ 01 65/86 90 84, FAX 86 90 84, ab € 55

▷ Variante E (weniger Höhenmeter)

Seigne - Col de Chavannes - Arp superiore

🕮 Karte 3 Seite 81

Wenn Sie sich den Aufstieg über die l'Arp inferiore von fast 300 Höhenmetern zum aussichtsreichen Höhenweg über die l'Arp Vieille superiore und den Col Checroui ersparen möchten, können Sie unmittelbar beim Col de la Seigne von der Hauptroute nach rechts abbiegen.

Sie folgen dann dem Pfad nach Süden über den **Col de Chavannes,** am **Mont Percée** und **Mont Fortin** vorbei, bis Sie wieder auf die Hauptroute stoßen. Diese Variante eignet sich auch, wenn die Normalroute während der Hauptsaison zu stark frequentiert ist.

▷ Variante F

Über das Rifugio Monte Bianco nach Courmayeur

⌛ 2 Std. 30 Min., ↓ 730 m

Col Chécroui - Rifugio Monte Bianco (1.650 m) - N.D. de la Guérison (1.444 m) - Courmayeur

Rifugio Monte Bianco (CAI), Marco Champion, ☏ 01 65/86 90 97, 💻 www.rifugiomontebianco.it, 15. Juni-15. Sept., 56 Plätze (Schlafsaal, Zimmer), ✕, Übernachtung € 16, HP € ab 40

🕮 Karte 4 Seite 84

▷ Variante G (🚌)

🕮 Karte 4 Seite 84

Abkürzung mit dem Bus bis **Planpincieux**. Von dort erfolgt der Aufstieg zur **Alpe Leuché** (1.923 m).

Sie queren nun den Nordhang des **Mont de la Saxe** auf halber Höhe über die **Alpe La Lèche** (1.902 m), **Armina** (2.009 m), **Sechéron** (1.924 m), **Malatrà** (2.056 m), **Gioé** (2.007 m) bis Sie schließlich zu den Alphütten Arnuva gelangen.

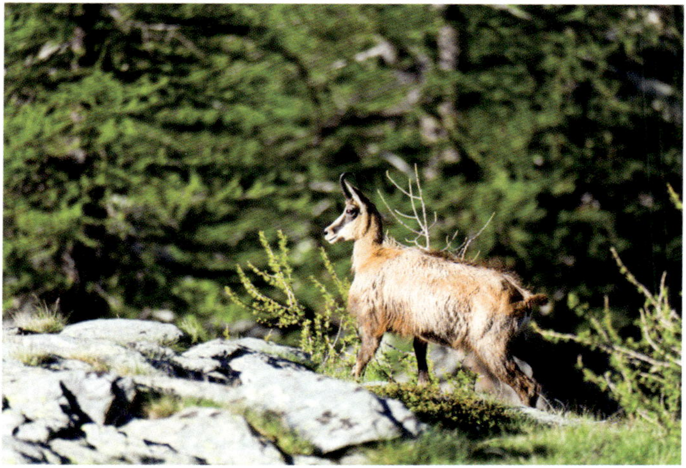

Gämse

▷ Variante H

Petit Col Ferret

⌛ ca. 7 Std ⇔

➔ Rifugio Elena (2.062 m) - Petit Col Ferret (2.490 m): 1 Std. 45 Min., ↑ 428 m

➔ Petit Col Ferret - La Fouly (1.610 m): 2 Std., ↓ 880 m

📖 Karte 5 Seite 92

Diese Route erfordert etwas Orientierungssinn und Trittsicherheit, ist aber weitaus weniger begangen als die Hauptroute.

Anstatt vom Rifugio Elena rechts zum Grand Col Ferret abzubiegen, halten Sie sich geradeaus. Bevor es steil und steinig zum Petit Col Ferret (bei Regen oder verbliebenen Altschneeresten ist dieser Übergang sehr heikel, da äußerst steiles und rutschiges Gelände auf schieferig - tonigem Untergrund) (2.490 m) hinaufgeht, passieren Sie idyllische Wollgraswiesen.

Vom Pass können Sie nun den Grat entlang über die **Tête de Ferret** (2.714 m) zum **Grand Col Ferret** traversieren. Oder Sie steigen direkt ab durch das Hochtal der **Combe des Fonds**. Entlang eines Baches, vorbei am kleinen See **la Gouille** erreichen Sie schließlich die Häuser von **Léchère**.

Gîte de la Léchère, ☏ 027/783 30 64, Reservationen: ☏ 079/433 49 78, www.lalechere.ch, 35 Plätze in 4 Schlaflagern, Juni-Sept., ✕, Nacht sfr 25, mit HP sfr 55

Nach Überschreitung der Dranse können Sie entweder nach Ferret oder gleich nach la Fouly wandern. Die TMB-Route von dort bis Champex bietet vergleichsweise undramatische Ausblicke, zahlreiche kleine Dörfer laden zur Rast ein.

▷ Variante I (Hauptroute/Schlechtwetterroute)

Champex - Bovine - Col de la Forclaz

⧗ insge. 5 Std., ↑ 657 m, ↓ 596 m

→ Champex (1.466 m) - Bovine (1.987 m): 3 Std. 30 Min., ↓ 136 m, ↑ 657 m

→ Bovine - Col de la Forclaz (1.527 m): 1 Std. 30 Min., ↓ 460 m

Alpage de Bovine, Gérard Rouiller, ☏ 079/894 31 21, Mitte Mai bis Mitte Sept., Schlaflager, warme & kalte Küche

♦ Hotel Col de la Forclaz, Didier Gay-Crosier, ☏ 027/722 26 88, www.coldelaforclaz.ch, ganzjährig, 75 Plätze, Schlafsaal HP sfr 59, Zimmer HP ab sfr 77, ⛺ sfr 8, ✕

Souvenirladen auf der Passhöhe nicht nur mit Süßigkeiten und Kartenmaterial bestückt, sondern auch mit Brot, Wurst, Käse, Obst und Getränken.

Karte 6 Seite 103

Diese Wanderung führt abseits der Eis- und Felsriesen, aber durchweg aussichtsreich über liebliche Walliser Täler bis hin zu den Berner Alpen. Bei Schlechtwetter ist es die einzig sichere Lösung zum Weiterkommen.

Von Champex geht es zunächst auf einem kleinen Fahrweg am Bachufer entlang flussabwärts nach **Champex d'en Haut**, dann an

Champex d'en Bas vorbei. Hinter Champex d'en Bas biegen Sie links ab, überqueren eine Brücke und folgen dem breiten Weg bis zu einer Gabelung, bei der Sie sich nach rechts wenden.

Auf der Alp **Plan** mündet der Pfad in einen bequemen Waldweg, dem Sie bis in den Talgrund von **La Jure** (1.575 m) folgen.

Kräftig ansteigend geht es weiter bis zur Hütte von **Bovine** (1.987 m). Diese große Almweide mit den vielen Buckelwiesen bietet genussreiche Aussicht von der Martigny-Region bis ins Mittelwallis, von den Walliser Alpen bis zu den Berner Alpen. Urig lässt sich hier auch übernachten. Sehr empfehlenswert auch die Alpprodukte und der selbstgemachte Kuchen.

Bei guter Sicht unbedingt zu empfehlen, ist der Abstecher von Bovine südwestwärts zum **Kreuz von Bovine** (2.259 m) oder zur **Pointe Ronde** (2.655 m, 2 Std.).

Hinter Bovine folgt **Portalo**, der mit 2.049 m höchste Punkt dieser Strecke. Vorbei an der Almhütte von La Giète, durch einen Waldgürtel hinab zum **Col de la Forclaz** (1.527 m).

Wer hier die Tour abbrechen möchte, kann per Postauto nach Martigny (Bahnanschluss) gelangen.

▷ Variante J

Col de la Forclaz - Les Grands - Col de Balme

insg. 4 Std. 20 Min., ↑ 723 m, ↓ 58 m

➔ Col de la Forclaz (1.526 m) - Chalet du Glacier (1.583 m): 50 Min., ↑ 57 m

➔ Chalet du Glacier - Col de Balme (2.191 m): 3 Std. 30 Min., ↑ 666 m, ↓ 58 m

Karten 6 und 7 Seite 103 und 107

Vom **Col de la Forclaz** gehen Sie ein Stück der Bisse entlang zurück zur Brücke beim Chalet du Glacier. Hier wenden Sie sich westwärts und gelangen in Serpentinen aufwärts steigend zu den Hütten von **Les Grands**.

„Bei Les Grands dessus ist eine kleine, nette Buvette, die unregelmäßig geöffnet hat. Kein Essen, aber Wasser nachfüllen und Getränkekauf möglich, außerdem Rasttische und Leute dort, die sich in der Gegend gut auskennen.“ empfehlen Harald Völker aus Göttingen und Daniel Tijink.

Von hier aus haben Sie einen tollen Blick auf den **Grands**- und **Trientgletscher**.

Nun wandern Sie um den östlichen Sporn der Pointe du Midi herum in den kleinen Kessel von **La Remointse** (2.078 m). Danach macht der Pfad einen scharfen Knick und erreicht den **Col de Balme**.

▷ Variante K

Trient - Vallorcine - Col des Montets

insg. 5 Std., ↑ 925 m, ↓ 834 m

➔ Trient (1.326 m) - Catogne (2.050-2.011 m): 2 Std. 15 Min., ↑ 724 m, ↓ 39 m

➔ Catogne - Gare de Vallorcine (1.260 m): 2 Std., ↓ 751 m

➔ Gare de Vallorcine - Col des Montets: 1 Std., ↑ 201 m, ↓ 44 m

Chalet Skiroc, le Buet, ☏ 04/50 54 60 32, www.vieetmontagne.org, ganzjährig, 120 Plätze, HP € 38

♦ Gîte Mermoud, Le Morzay, ☏ 04/50 54 60 03, www.cvmmontblanc.fr, ganzjährig, 19 Plätze in Zimmern und kleinen Schlaflagern, HP € 28

♦ Bellevue Alpine Lodge, ☏ 04/50 54 60 43, www.bellevuealpinelodge.com, Juni bis Sept., 28 Plätze, HP im Schlaflager € 40

Karte 7 Seite 107

Von Trient folgt ein langer Aufstieg durch Wald bis zur Alp **Tseppes** (1.932 m). Ab der **Pointe du Van** bieten sich wieder aussichtsreiche Ausblicke, auf den Stausee **Lac d'Èmosson**, das **Tenneverge**-Massiv, das Tal von **Bérard** und den **Mont Buet**.

Vorbei an den Hütten von Catogne (2.011 m) gelangen Sie nach Vallorcine (Bahnanschluss). Folgen Sie nicht der Hauptstraße zum **Col des Montets**, sondern gehen Sie auf der linken Seite des Talbachs und der Eisenbahnlinie.

▷ Variante L

Col des Montets - Lac Blanc - Flégère

⌛ 4 Std. 30 Min. bis 5 Std.

📖 Karte 7 Seite 107

Von Tré-le-Champ müssen Sie zunächst ein Stück entlang der Hauptstraße Richtung Col des Montets gehen. Unterhalb der Passhöhe können Sie bei einem Parkplatz (1.430 m) auf den *Sentier botanique*, auf einen Waldlehrpfad, links abbiegen. Dieser mündet in den Panoramaweg **Grand Balcon Sud**, dem Sie nun links folgen.

Col des Montets (1.461 m)

Es lohnt ein Abstecher zum Col des Montets, da hier das Forschungschalet des Naturschutzgebietes der Aiguilles Rouges steht (☞ Naturschutz). Der Park wurde 1974 als Réserve Naturelle angelegt und will eine bessere Naturkenntnis fördern. Das Chalet zeigt Ausstellungen und Diavorträge zu Fauna, Flora und Geologie der Region. Auf einem ökologischen Lehrpfad kann ein idyllischer See, in dem sich die Aiguille Verte spiegelt, umrundet werden.

Das Naturschutzgebiet umfasst einen großen Teil des Massivs der Aiguilles Rouges (3.278 ha). Die wilde Nordseite konnte ihre Einsamkeit größtenteils bewahren. Auf der Südseite geht es, besonders an Wochenenden, weitaus belebter zu, denn hier verläuft der gut ausgebaute Wanderweg Grand Balcon Sud.

Vom **Col des Montets** steigen Sie über den gut markierten Weg auf eine Felsstufe in den Aiguilles Rouges hoch. Vorbei an einem der beiden winzigen Tümpel von La Remua, weiter über Les Deviets (2.053 m) kommen Sie zu einer Weggabelung. Hier wenden Sie sich rechts hinauf entlang der hügeligen Umgebung der **Seen von Chéserys**.

Ein idyllischer Ort zum Picknicken. Wenn es warm ist, kann ein kühles Bad gewagt werden.

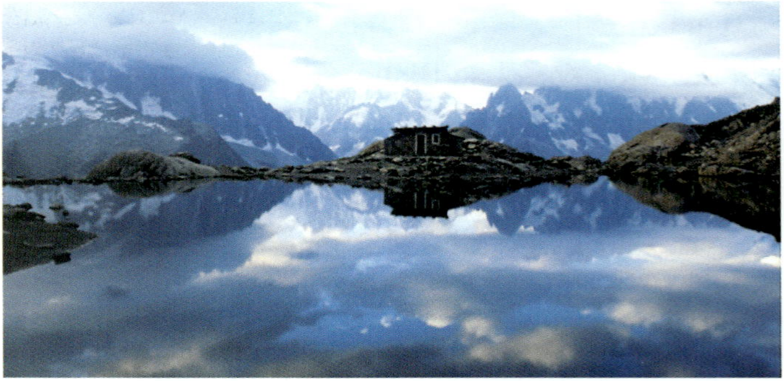

Lac Blanc

Am letzten See führt der Pfad direkt am Ufer entlang. Nun sind es nur noch ungefähr 20 Minuten bis zum **Lac Blanc** (2.352 m). Der klare See ist unbeschreiblich schön, besonders bei Sonnenuntergang, wenn sich die rot beleuchteten Gipfel im Wasser spiegeln.

Refuge-chalet du Lac Blanc, J.-Charles Sage, ☏ 04/50 53 49 14 + ☏ 50 47 24 49, 15. Juni-Sept., 30 Plätze in Mehrbettzimmern, ✕, Selbstversorgerküche. Diese Unterkunft liegt einzigartig, die Atmosphäre ist herzlich, die Mehrbettzimmer richtig gemütlich. Nur der Preis von € 48 ist etwas utopisch.

Der Abstieg vom Lac Blanc nach **Flégère** dauert nur 45 Minuten.

▷ Variante M

Flégère - Lac Cornu - Lacs Noirs - Planpraz

⌛ insg. 4 Std. 15 Min., ↑ 740 m, ↓ 537 m,
mit Lacs Noirs ⌛ 5 Std. 30 Min., ↑ 878 m, ↓ 675 m

- ➔ La Flégère (1.877 m) - Col du Lac Cornu (2.414 m): 2 Std. 45 Min., ↓ 65 m, ↑ 602 m
- ➔ Col du Lac Cornu - Lac Cornu (2.276 m): 30 Min., ↓ 138 m, ↑ 138 m
- ➔ Lac Cornu - Lacs Noirs (2.500 m): 1 Std. 15 Min., ↑ 224 m, ↓ 186 m
- ➔ Col du Lac Cornu - Planpraz (2.080 m): 1 Std.

Karte 8 Seite 112

Diese Route bietet neben dem berühmten Blick auf das Montblanc-Massiv zur Abwechslung auch einmal einen Blick auf die andere Seite. Die Seen in der Nordflanke der Aiguilles Rouge-Kette liegen vielleicht sogar noch romantischer als der Lac Blanc.

Auf dem bequemen Grand Balcon Sud wandern Sie Richtung Planpraz bis zur **Alm Charlanon**. Hier wenden Sie sich rechts in sehr steilem Zickzack über den **Arrêt sup. de Charlanon** bis zum flachen Sattel im breiten Gratrücken. Wem dieser Aufstieg zu schwierig erscheint, der kann den leichteren Weg von Planpraz nehmen.

Vom Col du Lac Cornu eröffnet sich ein erster Blick auf den See, in der Ferne erhebt sich die Felsbarriere der **Montagne d'Anterne**. Der sichelförmige Hornsee (**Lac Cornu**) mit seinen kleinen Wasserarmen wird oft noch von Schnee umrahmt, was die Wegfindung (rote Markierung) etwas erschweren und zu einer Rutschpartie führen kann.

Ein gelb markierter Weg führt zu den **Lacs Noirs**: queren Sie zunächst die Nordflanke der Aiguille Pourrie, dann geht es den breiten Gratrücken weiter in einer Einsattelung, bis Sie schließlich nordwärts unmittelbar auf den oberen der beiden Seen stoßen. Entlang dieser Strecke bieten sich immer wieder bezaubernde Tiefblicke auf den Lac Cornu.

↳ Gipfelabstecher

▷ **Einfach:** Vom Col du Lac Cornu nordostwärts kann auf gut sichtbarem Pfad in 15 Minuten die Aiguille le Pourrie (2.562 m) bestiegen werden, von wo sich ein herrlicher Blick auf den Lac Cornu bietet.

▷ **Schwierig:** Vom Pass in die andere Richtung, westwärts auf dem weglosen, zerklüfteten Grat kann in etwa 45 Min. die Aiguille de Charlano (2.552 m) bestiegen werden.

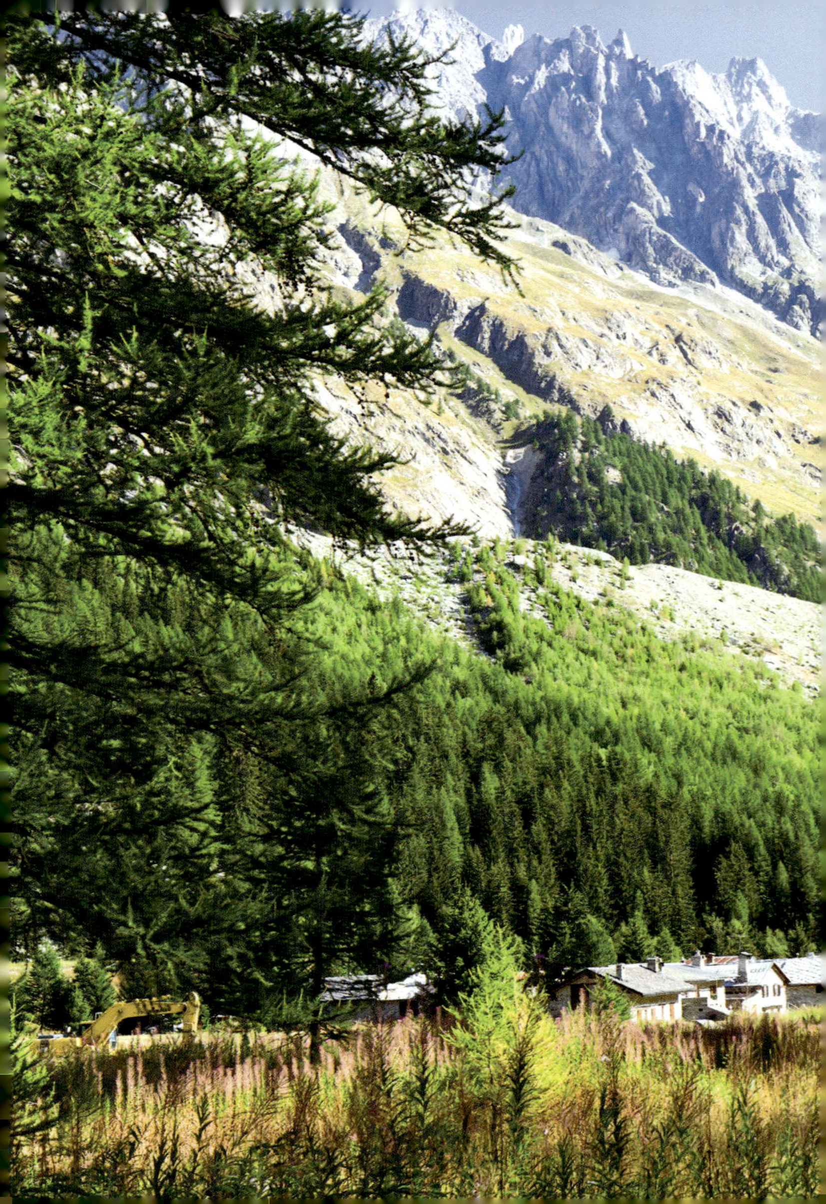

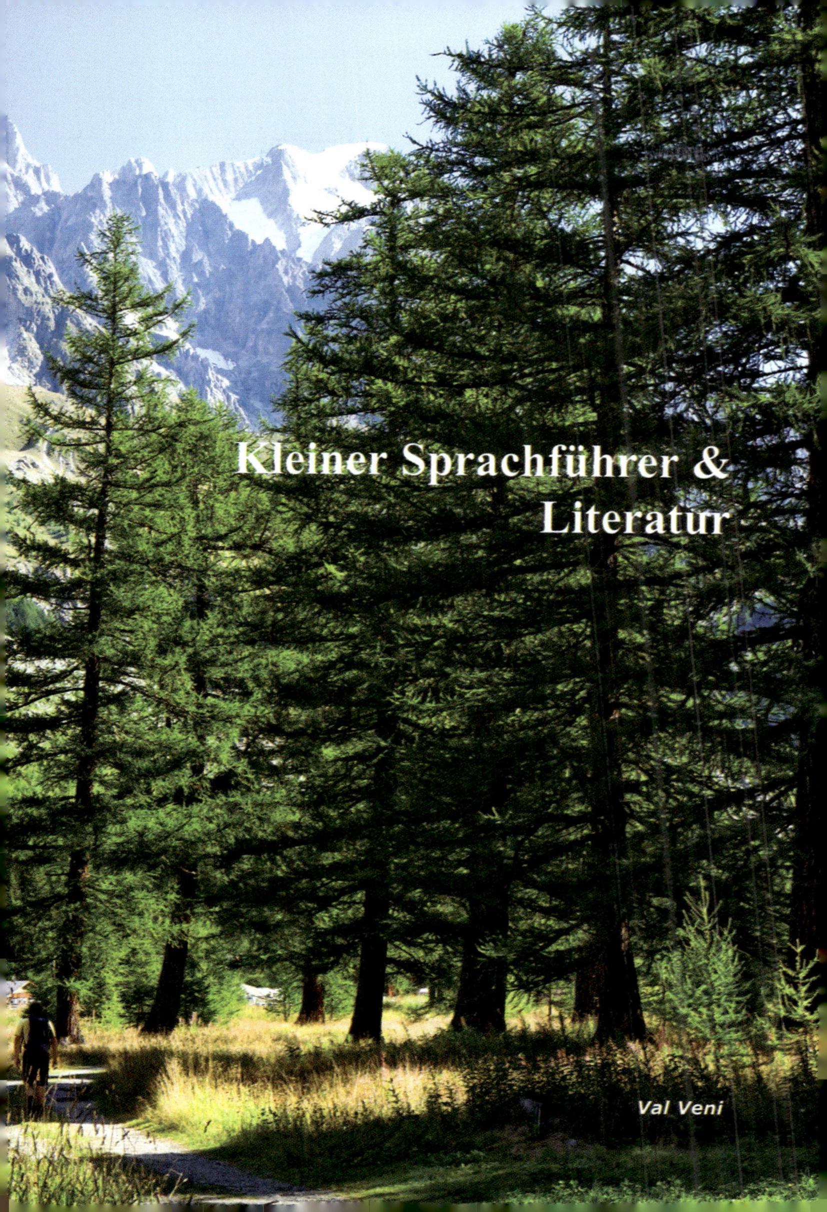

Kleiner Sprachführer & Literatur

Val Veni

Kleiner Sprachführer

Französisch

Wandern

Aiguille	Nadel
Avalanche	Lawine
Averses	Niederschläge
Belvédère	Aussichtspunkt
Brèche	Scharte
CAF	Club Alpin Francais
CAI	Club Alpin Italien
Cairn	Steinmann
CAS	Club Alpin Suisse
Cascade	Wasserfall
Chemin	Weg
Chute de pierre	Steinschlag
Chute de serac	Eisschlag
Col	Pass, Joch
Collet	kleiner Pass
Descente	Abstieg
Eau potable	Trinkwasser
Glacier	Gletscher
Gorges	Schlucht
Gouffre	Kluft
GR -	Grande Randonnée (Weitwanderwege)
Lac	See
Montagne	Berg
Moraine	Moräne
Neige	Schnee
Névé	Schnee-, Firnfeld
Orage	Gewitter
Piolet	Eispickel
Refuge	Hütte
Rivière	Fluss
Ruisseau	Bach

Rue	Straße
Selle	Sattel
Sommet	Gipfel
Source	Quelle
Télésiège	Sessellift
Téléphérique	Seilbahn
TMB	Tour du Mont-Blanc
TPMB	Tour du Pays du Mont-Blanc
Torrent	Wildbach
Vallée	Tal
Via Ferrata	Klettersteig

Weitere nützliche Ausdrücke

Auf Wiedersehen	*Au revoir*
Bäckerei	*Boulangerie*
Bahngleis	*Voie*
Bahnhof	*Gare*
Briefmarken	*Timbres*
Buchhandlung	*Librairie*
Danke	*Merci*
Frühstück	*Petit déjeuner*
Guten Tag/guten Morgen	*Bonjour*
Mittagessen	*Déjeuner*
Um wie viel Uhr kommt der Bus?	*À quelle heure arrive le bus?*
Wasser	*Eau*
Wo ist ...?	*Où est ...?*
Wo sind die Toiletten?	*Où sont les toilettes?*
Sprechen Sie Deutsch?	*Parlez-vous allemand?*
Warum?	*Pourquoi*
Wann?	*Quand*
Zugfahrkarte	*Billet de train*

Italienisch

Abfahrt	*partenza*
Ankunft	*arrivo*

Brief	*lettera*
Briefkasten	*la buca (delle lettere)*
Danke	*grazie/mille grazie/grazie tanto*
Ein ruhiges Zimmer?	*una camera tranquilla*
Fahrkarte	*un biglietto*
Feiertag	*giorno festivo*
Ferngespräch	*communicazione interurbana*
Frühstück	*prima colazione*
Geldwechsel	*il cambio*
Geradeaus	*tutto diritto*
Gibt es warmes Wasser?	*c'è acqua calda?*
Haben Sie nichts Billigeres?	*non ha niente che costa di meno?*
Hin und zurück	*andata e ritorno*
Ich möchte Reiseschecks einlösen	*vorrei cambiare traveller's cheques*
Ist es weit?	*è lontano?*
Können Sie mir den Weg nach ... zeigen?	*sai indicarmi la direzione per ...?*
Links	*a sinistra*
Post	*ufficio postale*
Postkarte	*cartolina postale*
Rechts	*a destra*
Schlüssel	*la chiave*
Sprechen Sie Englisch/Deutsch?	*parla inglese/tedesco?*
Stadtplan	*la pianta della città*
Toilette	*gabinetto*
Wann?	*quando?*
Wann fährt der nächste?	*quando parte il prossimo?*
... der letzte?	*... l'ultimo?*
Warme Duschen	*docce calde*
Warum?	*perché?*
Was kostet das?	*quanto costa?*

Wie?/Wie bitte?	*come?*
Wie viel?	*quanto?*
Wir haben reserviert	*abbiamo prenotato*
Wo? Wo ist?	*dov'è?*
Wo ist bitte die Bushaltestelle ...?	*per favore, dov'è la fermata ...?*
Wochentag	*giorno feriale*
Zelt	*tenda*

Literatur

- **Mont Blanc-Gruppe**, Gebietsführer für Bergsteiger und Kletterer, von Hartmut Eberlein, Bergverlag Rother, 11. Auflage 2013, € 22,90, ISBN 978-3-7633-2414-9
- **Rund um den Montblanc**, von Hartmut Eberlein, Bergverlag Rother, 4. Aufl. 2012, € 14,90, ISBN 978-3-7633-4077-4
  Hier wird die „Tour du Mont-Blanc" auf zwei Doppelseiten erwähnt. Man kann sie sich dann anhand der vorgestellten Tagesrouten zusammensuchen.
- **Wandern rund um den Montblanc**, von Elsbeth Flüeler, Rotpunktverlag, 1. Aufl. 2005, € 28, ISBN 978-3-85869-297-9
- Die Zeitschrift Berge widmet das Heft Nr. 7 (August 84) dem Montblanc. Auf drei Doppelseiten wird auch die „Tour du Mont-Blanc" beschrieben.
- Der Bergsteiger am Montblanc schlechthin heißt Walter Bonatti. Seine Bücher: **Große Tage am Berg** und **Faszination Montblanc**, Albert Müller Verlag, Rüschlikon, Zürich, (über Antiquariat).

Führer in französischer Sprache

- **Face au Mont-Blanc**, Pierre Millon, Édition Glénat, Grenoble 2004, € 30, ISBN 978-2-7234-4515-3. Ein fantastisches Buch mit schönen Fotos, guten Kartenskizzen und ausführlicher Routenbeschreibung. Das große Format ist nur für den Rucksack etwas unhandlich.

▷ **Tour du Mont-Blanc**, Topo-Guide, Les Sentiers de Grande Randonnée, Réf. 028, FFRP (Fédération Francaise de la Randonnée Pédestre) Paris, 17. Aufl. 2010, ISBN 2-85699-760-0. Die Kartenskizzen sind den IGN-Karten entnommen, nicht ganz so übersichtlich gestaltet, handliches, formbares Format, € 14,40.

Allgemeiner Reiseführer

▷ **Französische Alpen**, Michelin-Reiseführer, ISBN 978-2-06-2301011, € 25,99, ohne Infos für Wanderer, sehr guter allgemeiner Führer.

Buchtipps aus dem

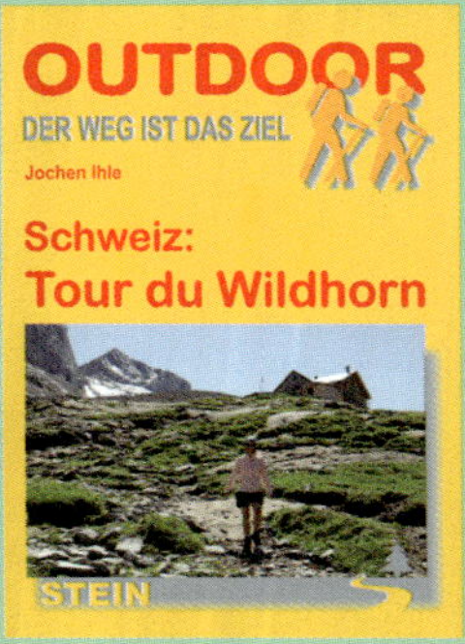

Schweiz: Tour du Wildhorn

Jochen Ihle
OutdoorHandbuch Band 198
Der Weg ist das Ziel
83 Seiten ▸ 31 farbige Abbildungen
7 farbige Kartenskizzen ▸ 7 farbige Höhenprofile

ISBN 978-3-86686-198-5

Beschrieben wird die Rundroute - Start und Ziel in Lenk - in 6 Etappen mit 7 Varianten durch grandiose, alpine Landschaft rund um das Wildhorn.

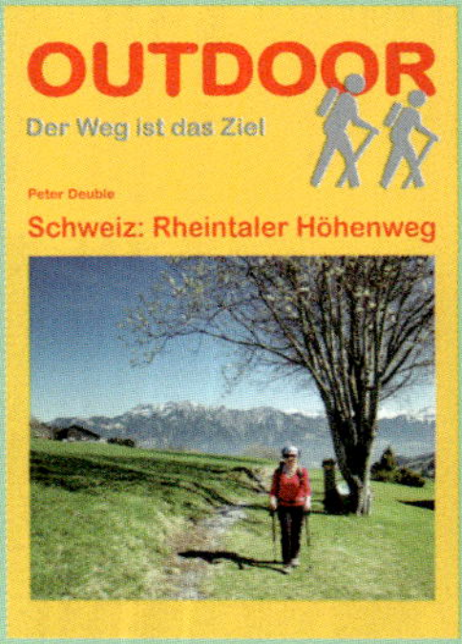

Schweiz: Rheintaler Höhenweg

Peter Deuble
OutdoorHandbuch Band 279
Der Weg ist das Ziel
128 Seiten ▸ 40 farbige Abbildungen
7 farbige Kartenskizzen ▸ 7 farbige Höhenprofile

ISBN 978-3-86686-292-0

Den Wanderern erwarten abwechslungsreiche Landschaften, gepflegte Dörfer, schöne Wälder sowie Alpmatten und dabei immer wieder Ausblicke ins Rheintal und auf die umgebenden Berge.

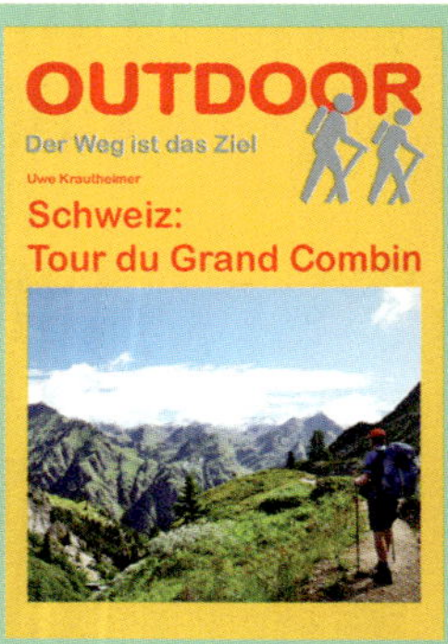

Schweiz: Tour du Grand Combin

Uwe Krautheimer
OutdoorHandbuch Band 282
Der Weg ist das Ziel
ca.128 Seiten ▸ ca. 25 Abbildungen und Kartenskizzen
erscheint 2012

ISBN 978-3-86686-302-6

In diesem Buch wird die klassische Tour des Combins mit Varianten beschrieben. Mindestens 6 Tage benötigen Sie für dies Trekkingroute, die Sie in Höhen bis 2.850 m führen wird.

Index

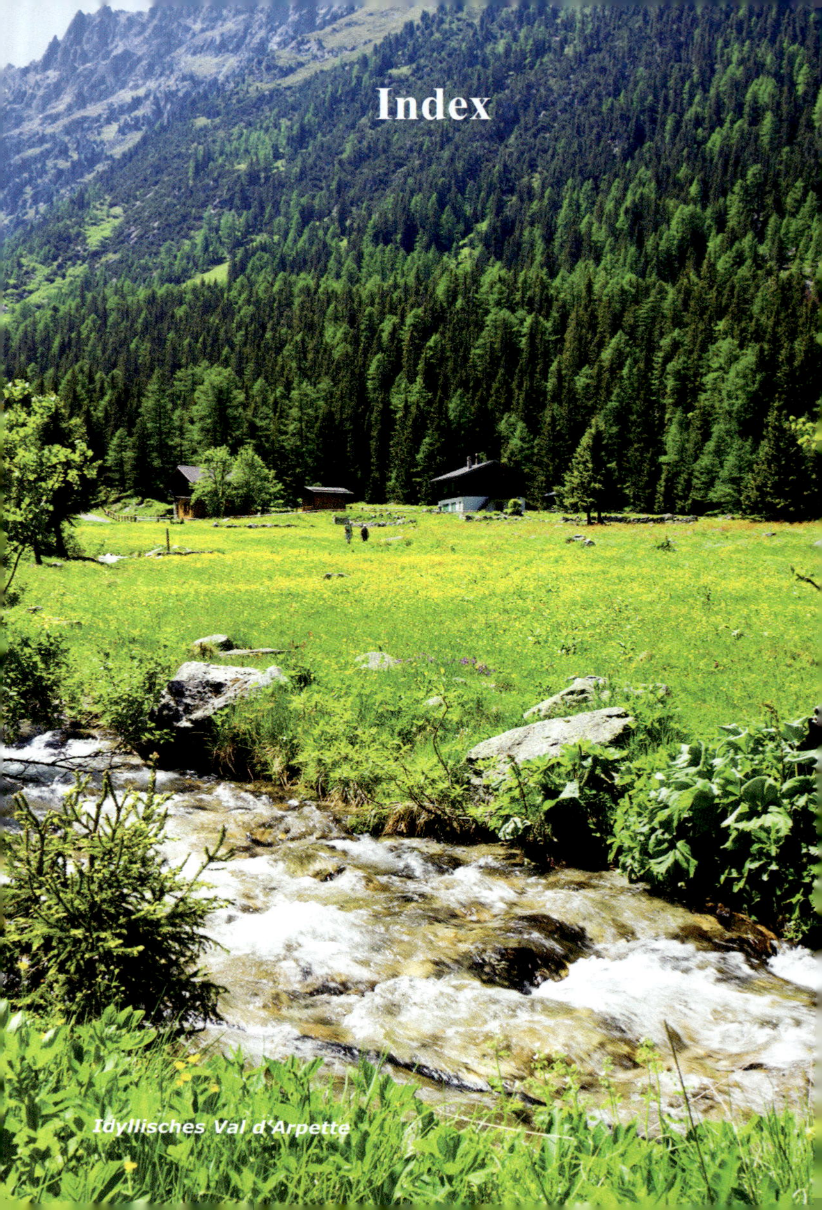

Idyllisches Val d'Arpette

A

B

C

D

E

F